Collection **Pédagogie Pratique**

CP • CE1

Initiation à l'anglais

Denise **Chauvel**
Danièle **Champagne**
Catherine **Chauvel**

RETZ
www.editions-retz.com
9 bis, rue Abel Hovelacque
75013 Paris

Nous dédions cet ouvrage à Diane, Eylen,
Romain, Claire, Marie, Élise, Nicolas, Laure, Alexandre,
Maëlle, Bastien, Juline, Anaé, Ennio et Pio.

ISBN : 978-2-7256-3327-5

Chansons et comptines : mises en musique par Luc Debuire et enregistrées au studio Bund
Mise en page et réalisation : Lasergraphie
Édition : Virginie Soubelet, Charlotte Aussedat
Correction : Patricia Abbou, Florence Richard

Illustrations : Karen Laborie
Photographies du CD (et de l'intérieur) : © iStock
N° de projet : 10232479
Dépôt légal : février 2015
Achevé d'imprimer en France, en janvier 2017, sur les presses de l'imprimerie SEPEC, 01960 Péronnas.

Sommaire

Introduction

Séquences pédagogiques

Annexes

Introduction

L'enfant de 6 à 8 ans à la découverte d'une langue étrangère

Les programmes

Langue vivante

« Les élèves découvrent très tôt l'existence de langues différentes dans leur environnement, comme à l'étranger. Dès le cours préparatoire, une première sensibilisation à une langue vivante est conduite à l'oral. Au cours élémentaire première année, l'enseignement d'une langue associe l'oral et l'écrit en privilégiant la compréhension et l'expression orales. L'apprentissage des langues vivantes s'acquiert dès le début par une pratique régulière et par un entraînement de la mémoire. Ce qui implique de développer des comportements indispensables : curiosité, écoute, attention, mémorisation, confiance en soi dans l'utilisation d'une autre langue.
Les élèves distinguent des réalités mélodiques et accentuelles d'une langue nouvelle ; ils découvrent et acquièrent du vocabulaire relatif à la personne et à la vie quotidienne ; ils utilisent progressivement quelques énoncés mémorisés.[1] »

Au CP et au CE1, le rôle de l'école est donc de sensibiliser le jeune enfant aux rythmes, à la sonorité, aux schémas intonatifs alors que ses capacités de discrimination auditive et de reproduction orale sont en plein épanouissement. Comme il a été remarqué que ces capacités diminuent à partir de l'âge de 10 ans, il est important de commencer l'approche d'une langue étrangère tôt afin de préparer les enfants dans leur apprentissage ultérieur. Il ne s'agit pas d'entreprendre un véritable enseignement, mais d'offrir une première sensibilisation à l'enfant : jouer avec des sonorités différentes, et parvenir à établir une communication verbale dans une langue différente du français. En résumé, l'élève doit être capable de « comprendre et utiliser des énoncés simples de la vie quotidienne[2] ».

Privilégier la communication orale : acquisition du niveau A1

« L'enseignement de l'anglais à l'école élémentaire vise l'acquisition du niveau A1 du *Cadre européen commun de référence pour les langues*. Plus que jamais, il s'agit de permettre à l'élève de savoir utiliser la langue étudiée. Le descripteur A1 pose les limites de ces acquisitions.
Dans un premier temps, c'est en exposant l'élève à la langue orale et en privilégiant la communication orale, qu'on établira les bases d'un apprentissage. Un entraînement systématique et régulier s'impose si l'on veut habituer l'oreille des jeunes enfants à entendre

1. *Qu'apprend-on à l'école élémentaire ?*, Xo-Éditions, 2008, p. 44.
2. *Qu'apprend-on à l'école élémentaire ?*, *op. cit.*, p. 50.

des sons, des rythmes et des accents nouveaux et variés. les formulations qui figurent dans les tableaux peuvent donner l'impression de privilégier la Grande-Bretagne. Il va de soi qu'on ne s'interdira pas d'exposer les élèves à la langue d'autres pays anglophones si des opportunités locales sont offertes (présence d'un assistant, d'un élève anglophone non britannique, partenariat ou échange, projet d'école spécifique…).
L'une des difficultés essentielles de l'apprentissage de l'anglais pour un francophone est le passage de la phonie à la graphie et de la graphie à la phonie. C'est la raison pour laquelle l'écrit est pratiquement absent des tableaux proposés pour le cycle 2 ; avant d'envisager un passage à l'écrit, l'élève doit s'être approprié les formes orales, à la fois en situation de compréhension et de production. Au cycle 2, une première étape de la production consiste en la reproduction d'énoncés en situation aussi authentique que possible[3]. […] »
Le programme d'anglais du BO Hors-Série n° 8 précise pour chaque langue :
– une liste de courtes phrases en rapport avec les fonctions langagières (*se présenter, présenter quelqu'un, répondre à des questions et en poser sur des sujets familiers, comprendre des consignes de classe*…) ;
– un rappel de la phonologie, de la syntaxe et de la morphosyntaxe ;
– un lexique ;
– des contenus propres à chaque langue.

Le contenu du livre

L'ouvrage comporte une réflexion sur cet enseignement spécifique et s'inspire des traditions des pays anglosaxons. Il propose des séquences pédagogiques qui peuvent correspondre à un projet sur une année scolaire. Ces dernières s'adressent particulièrement aux enfants de CP et de CE1. Il appartiendra aux enseignants, désireux d'initier des enfants de GS, de puiser dans le recueil de chansons, d'histoires et d'images proposées dans cet ouvrage, et d'adapter la démarche au niveau de cette classe.

Chaque séquence présente les objectifs, le matériel, l'organisation de la classe et le déroulement des séances, auxquels il faut ajouter la rubrique « Vocabulaire et expressions » qui répertorie le vocabulaire commun abordé, créant une dynamique de communication verbale. Un index regroupe par ailleurs l'ensemble du lexique rencontré (p. 117). Chaque sujet est traité en plusieurs séances qui peuvent être prolongées selon l'intérêt manifesté par l'ensemble de la classe.

Un est joint pour offrir à l'enseignant les ressources nécessaire à la mise en place des activités (voir sa présentation p. 123) :
– Dans la partie audio (lisibles sur ordinateur) sont proposés des chansons, des poésies, des comptines et des récits prêts à écouter en classe. Ce support permet à l'enfant de prendre conscience des réalités sonores d'une langue et de se les approprier. C'est par cette voie que l'on peut introduire les jeunes enfants à une relation nouvelle au langage : comptines, jeux chantés, chansons, poésies, « virelangues » sont autant d'occasions d'attirer l'attention sur les unités distinctives de la langue.

3. B.O.H.S. n° 8 du 30 août 2007.

– Une partie « Matériel par séquence » fournit des documents PDF en couleur à projeter et/ou à imprimer : affichages, flashcards, planches de jeux, etc.
– Une partie « Photos et cartes » offre des supports complémentaires permettant une sensibilisation à la culture du pays, etc.

Une bibliographie composée d'adresses utiles, de titres de livres et de vidéos est proposée en fin d'ouvrage (voir p. 119).

L'enseignant de langue étrangère[4] peut être celui de la classe ou un enseignant extérieur exerçant spécifiquement dans cette matière.

L'enseignement d'une langue étrangère au CP et au CE1

La motivation

Le jeune enfant est capable de capter tout langage entendu et motivant, et de le reproduire.

Ainsi Claire, 4 ans, reproduit les sons et le rythme de la langue italienne après avoir séjourné deux semaines dans ce pays : elle invente des mots, construit des phrases qui n'ont aucun sens, mais qui imitent la musique de la langue. Cette enfant éprouve une véritable jubilation à « parler » dans cette langue.

Marie, 5 ans, au contact de sa cousine américaine, déplace spontanément l'adjectif dans la phrase. Ainsi dit-elle, pour se comparer à sa cousine : « J'ai mis ma bleue robe comme Élise. » Cette structure de phrase revient souvent, et disparaîtra aussi rapidement qu'elle était apparue.

Fréquemment en rapport avec des enfants allemands, Alexandre, 3 ans, s'approprie « *Nein* » qui doit lui sembler encore plus persuasif que notre « Non ».

Tel autre enfant, passant un mois de vacances dans le midi de la France et jouant chaque jour avec des enfants de son âge, revient avec l'accent méridional.

Comme on le voit dans ces exemples, c'est l'écoute, et souvent la motivation, qui a permis à ces enfants de jouer avec, d'imiter, voire de s'approprier une autre langue ou un autre accent et ce, souvent dès l'école maternelle, si le milieu est porteur.

L'ouverture sur le monde

L'école doit permettre à tous les enfants d'avoir une ouverture sur le monde : le monde culturel, linguistique, social et géographique.

Le jeune enfant est capable de comprendre cette diversité. Selon l'âge (6 à 8 ans), l'enseignant proposera des sujets suscitant l'intérêt, la réflexion, le questionnement sur le monde environnant au-delà de nos frontières.

---

4. *Cf.* dans la même collection : *Initiation à l'espagnol et à l'allemand au cycle 2.*

L'enseignant pourra fournir des documents imagés, des objets, expliquer des coutumes, faire écouter des musiques et des chansons d'autres pays afin de satisfaire la curiosité de l'enfant. Il situera ces pays sur une carte ou sur un globe terrestre.
Il pourra également organiser des rencontres, faire intervenir des étrangers : parents d'élèves, connaissances, etc.
Avant d'aborder les premières activités proposées dans cet ouvrage, l'enseignant pourra présenter différentes langues étrangères (*cf.* la séquence préliminaire p. 20) afin que l'enfant ne se focalise pas sur une seule langue, mais qu'il réalise que de nombreuses langues existent dans le monde, différentes dans leurs sons, leur rythme, leur musique et aussi leur écriture.
Au cours de l'année, toute opportunité est à saisir par l'enseignant pour enrichir et élargir cette découverte du monde. Cette approche des diversités culturelles doit amener l'élève à s'interroger sur sa propre culture et la comparer avec d'autres. En s'intéressant à la langue d'autres pays, il aura un autre regard sur sa propre langue et arrivera à la construire sur des bases encore plus solides.

La pratique de classe

1. Son caractère ludique

L'initiation à une langue étrangère doit avoir avant tout un caractère ludique, c'est ainsi que les auteurs proposent :
– **des jeux**, dont les règles sont souvent déjà connues des enfants ;
– **un médiateur, la marionnette** (dans le prolongement des activités en maternelle). Celle-ci permet à certains enfants de mieux participer en s'adressant à un personnage qui leur semble plus proche d'eux (elle a la particularité de ne parler et de ne comprendre que la langue étrangère) ; au CE1, bien entendu, cette méditation pourra être modulée, voir abandonnée ;
– **des activités autour des images**, puisque l'écrit n'est pas présent au CP (les enfants ayant à l'école un apprentissage de l'écrit de leur langue maternelle, il apparaît peu souhaitable de les entraîner dans celui d'une autre langue dont la phonétique est différente) ; en revanche, pour le CE1, les mots écrits sont ajoutés sur les flashcards ;
– **des chansons** ;
– **des histoires** ou des comptines, toujours illustrées par des images et animées par la gestuelle.

2. Sa place dans l'emploi du temps et son organisation

Deux dispositifs peuvent être mis en place (dans le respect des 54 h annuelles).

a) L'initiation a lieu tous les jours, à la même heure et **dure de 10 à 15 minutes**, voire plus selon l'intérêt des enfants. Elle est ainsi attendue et désirée. Cette périodicité apporte à l'enfant le plaisir de retrouver quotidiennement le moment d'écouter et de s'exprimer dans une autre langue.
Elle fait donc partie des rites de la classe, au même titre que la météo, l'appel ou le calendrier.

Elle peut se faire le matin après l'accueil ou après la récréation.
Les séances se déroulent soit avec le groupe-classe, soit en demi-groupe ou par groupe de 10 enfants. Les enfants sont alors installés dans le « coin langage ».
b) L'initiation a lieu une à deux fois par semaine avec un enseignant intervenant et **dure de 20 minutes** à une demi-heure. L'enseignant de la classe s'intègre à la séance et complète l'initiation à d'autres moments (à l'aide du).

3. La démarche pédagogique

Elle se décompose en trois phases :

a) Essai de compréhension
- Écoute
- Émission d'hypothèses à partir des gestes, des mimiques, des sonorités de la langue, de l'intonation
- Comparaison
- Recherche des similitudes de langue
- Perception de la situation et déduction

b) Affinement de la compréhension
- Mémorisation
- Reproduction
- Combinaison et structure

c) Réinvestissement des acquis
- Communication
- Échange
- Remerciement, demande, acceptation, refus
- Expression des besoins, des goûts

4. Le matériel utilisé

Il s'agit d'un matériel varié et porteur d'intérêt pour l'enfant :
- une marionnette, qui sera présente à chaque séance (surtout en CP) et que l'enseignant choisira lui-même (il pourra lui donner un nom) ;
- des textes et des chansons en anglais (sur) ;
- les images à reproduire dans des formats différents (*cf.* « Quelques conseils », p. 12 et le) ;
- des supports de jeux tels que planches, patrons… (sur) ;
- des fiches élèves pour le CE1 (sur) ;
- des cartes et des photos montrant des particularités des pays anglophones (sur).

5. La gestuelle et l'analyse des nouveaux sons

La gestuelle est importante. Elle permet aux enfants d'émettre des hypothèses et de deviner plus facilement ce que dit le personnage qui parle. Il est à remarquer que les adultes utilisent cette gestuelle pour se faire comprendre lorsqu'ils ont des interlocuteurs dont ils ignorent complètement la langue. Il faut penser au rôle des bras, des mains et des expressions du visage.

La découverte de sons différents de ceux de notre langue conduit les enfants à s'interroger encore plus sur le rôle de chaque partie de la bouche dans la prononciation des phonèmes : par exemple, le son qui correspond à la graphie « *th* » en anglais n'existe pas dans la langue française. Les enfants vont alors expérimenter la place de la langue, le rôle des dents et des lèvres lorsqu'ils prononcent ce phonème.

6. Le rôle de l'enseignant

Il est le meneur de jeu et utilise parfois la marionnette comme médiatrice. Cette dernière a le rôle important d'être le seul personnage de la classe qui ne connaît pas le français et ne comprend que la langue anglaise.

Les séances de langue étrangère devraient se dérouler uniquement dans la langue choisie. Cependant, il semble évident que, lorsque l'objectif d'apprentissage a pour support un jeu, il est difficile et sans doute superflu d'expliquer la règle de ce jeu dans la langue étrangère. Il en est de même pour toutes les consignes données et les observations faites. En effet, l'enfant aurait une double tâche à accomplir : s'investir dans la compréhension de la règle et de la consigne, dans celle des mots ou expressions définis par l'objectif donné, et aussi dans l'observation.

L'enseignant utilise la marionnette, garante de la langue : elle apparaît seulement lorsqu'elle entend parler dans la langue étrangère et disparaît dès qu'elle entend parler le français, en tournant le dos aux enfants, en étant cachée derrière le dos de l'enseignant, ou bien rangée à sa place. Ainsi les enfants font vite la différence entre les moments de français et ceux de la langue étrangère.

Au CP et au CE1, les enfants sont mis en situation de production orale, le langage doit être simple et concret.

L'enseignant donne le modèle linguistique : il doit donc posséder une bonne maîtrise de la langue. Il doit avoir une prononciation claire et doit toujours accompagner son enseignement d'une gestuelle. Il sollicite les enfants pour faire répéter un mot ou une courte phrase collectivement, puis individuellement, afin de s'assurer de la prononciation. De même, il vérifie pour chacun le degré de compréhension.

7. Les particularités de chaque pays

Cette entrée dans les particularités d'un pays se fait à l'aide de documents visuels et audiovisuels. Certaines images (photos, cartes…) sont proposées, à cet effet, dans le .

Il s'agit également pour l'enseignant de rassembler le maximum de livres, albums, cartes postales, photographies, timbres-poste, monnaies (les pièces de l'euro ont un recto différent pour chaque pays), affiches, vidéos…

Les enfants comparent avec les particularités françaises dans les domaines suivants[5] :

– la gastronomie : les plats typiques, les heures de restauration ;
– les monuments ;
– la vie publique : les boîtes à lettres, les autobus, les taxis, les policiers ;
– la vie politique : roi, reine, prince, président de la République, Premier ministre ;
– les coutumes et les fêtes ;

5. *Cf.* « Quelques éléments culturels », p. 13, repères culturels destinés à l'enseignant.

– la météo ;
– le sport.
L'organisation des séances au cours de l'année dépend de la quantité et de la forme des documents. Il est intéressant de se procurer des quotidiens, hebdomadaires et revues, notamment quand un événement digne d'intérêt pour les enfants se produit.

8. Progression annuelle

Le programme est une proposition de séances dans un ordre chronologique. Certaines situations de classe peuvent permettre de traiter des sujets non abordés ici, ou de déplacer certains thèmes dans le temps. Le nombre des séances dépend, aussi et surtout, de l'intérêt suscité par le thème auprès des enfants de la classe.
Le choix des thèmes est fait en fonction des préoccupations des jeunes enfants et des traditions des pays étudiés.
De nouvelles expressions sont introduites selon le besoin de l'activité : on les rangera dans la rubrique « Vocabulaire et expressions ».

9. Quelques conseils

– Dès le milieu du deuxième trimestre, les enfants utilisent spontanément les mots ou expressions de la langue étrangère à d'autres moments de la classe, et plus spécialement pendant la récréation. Ils en sont d'ailleurs très fiers. L'enseignant **peut favoriser ces échanges spontanés** en utilisant au cours de la journée des mots ou expressions connus des enfants.
– Il est intéressant de **solliciter les enfants en difficulté**, en dehors des séances, par des interventions très courtes, toujours ludiques et valorisantes.
– **L'utilisation des traces écrites dans la langue étrangère au CP n'est pas judicieuse** : d'une part, cette approche sollicite l'enfant dans une activité double, lecture et écoute d'une nouvelle langue ; d'autre part, elle implique l'enfant dans un nouvel apprentissage phonème-graphème puisque la graphie des phonèmes change parfois selon la langue. Au CE1, même si l'écoute active reste privilégiée, l'enseignement de la langue associe l'oral et l'écrit mais la trace écrite n'intervient que dans un second temps pour fixer les acquis.
– **Les jeux** donnés, pour certains sujets traités, **peuvent être adaptés** facilement à d'autres thèmes.
– Une progression est proposée, mais **le rythme est variable pour chaque classe**, et certaines séances peuvent être répétées en modifiant les supports.
– Les auteurs font souvent, en début de séance, un **rappel de la séance précédente**. Ce rappel est plus ou moins important selon la compréhension et l'intérêt de la classe.
– **Le matériel utilisé est préparé par l'enseignant** en fonction des modèles donnés sur le , ou inventé selon l'inspiration, les compétences de chacun et les attentes de la classe.
Les illustrations proposées dans le sont à imprimer et éventuellement à agrandir : en format carte à jouer pour les cartes individuelles (flashcards) et en format A4 pour l'utilisation collective (affichage). La plupart des flashcards sont également proposées avec les mots écrits dessous, pour le CE1.
Les cartes individuelles sont préparées dans du bristol ou de la cartonnette, voire plastifiées pour une utilisation prolongée.

Les affichages (format A4) sont en papier ordinaire et protégés par une pochette en plastique. Ils peuvent également être vidéoprojetés.
Les dés sont faits en cartonnette, et les planches de jeu en carton (à imprimer de préférence au format A3).
– **Les chansons sont d'abord écoutées plusieurs fois**, puis reprises par la marionnette avec la voix de l'enseignant. Les enfants essayent d'en comprendre le sens par répétition des mots les plus importants. Mais souvent la mélodie et quelques mots déjà connus suffisent pour les entraîner dans la partition chantée dans la langue. Certaines chansons peuvent également être dansées.

Quelques éléments culturels sur la Grande-Bretagne et les États-Unis

Voir aussi les photos et cartes proposées sur le CD

La Grande-Bretagne

Capitale : Londres.
Régime : démocratie parlementaire, monarchie constitutionnelle.
Monnaie : la livre sterling.
Religion : anglicans, protestants, catholiques.

1. Nourriture

Les heures et modes de restauration :
• Le petit-déjeuner (*breakfast*) est plus copieux que chez nous en France : il est constitué d'aliments salés (œufs au bacon ou saucisses grillées, fromage, voire des haricots blancs à la tomate) et d'aliments sucrés (un bol de céréales, toasts et marmelade ou *porridge*). Les Anglais boivent essentiellement du thé.
• Le déjeuner (*lunch*) se prend à la même heure qu'en France : il est rapide et peu copieux. Il s'agit souvent d'un repas froid (sandwich en pain de mie coupé en triangle) ou d'un plat « à emporter » consommé sur le lieu de travail ou dans la rue.
• Le goûter (*afternoon tea)* se prend à 17 h : il se compose de thé au lait, de petits sandwichs variés, de gâteaux secs (*shortbreads*) ou de gâteaux aux raisins secs (*scones*).
• Le repas du soir (*dinner*) se prend vers 19 h : il consiste généralement en deux plats seulement (un plat principal et un dessert).

Quelques plats typiques :
– le *steak and kidney pie*… ;
– le *fish and chips* (poisson pané et frites au vinaigre) ;
– le *porridge* (bouillie de flocons d'avoine au lait) ;

– les gâteaux comme les *muffins*, le *apple pie*, le *crumble*, les *scones*... ;
– les fromages : le *Cheddar*, le *Stilton*, le *Lancashire*... ;
– la boisson : le thé et la bière.

2. Monuments et sites à visiter à Londres

– Buckingham Palace où réside la reine ;
– la Tour de Londres ;
– le Tower bridge (pont sur la Tamise/Thames) ;
– Trafalgar Square, Leicester Square ;
– les musées (Tate Gallery, National Gallery, British Museum...) ;
– les églises (Westminster Cathedral, Westminster Abbey, St Paul's Cathedral...) ;
– les nombreux parcs (Hyde Park, Green Park, St. James's Park...).

3. Arts : quelques grands noms

Littérature

• XVIe siècle : Shakespeare (*A Midsummer Night's Dream, Hamlet, Macbeth*) marque l'essor de la littérature anglo-saxonne.
• XVIIIe siècle : Daniel Defoe (*Robinson Crusoe*), Jonathan Swift (*Gulliver's Travel*).
• XIXe siècle : c'est l'époque du roman social avec Charles Dickens (*Oliver Twist, David Copperfield*), des récits d'aventure avec Robert Louis Stevenson (*Treasure Island*) ou imaginaires avec Rudyard Kipling (*The Jungle Book*), Lewis Carroll (*Alice in Wonderland*) et du roman psychologique avec Virginia Woolf (*Mrs Dalloway, Orlando*), D. H. Lawrence (*Lady Chatterley's lover*), Jane Austen (*Pride and Prejudice*) et les sœurs Brontë (*Jane Eyre* de Charlotte Brontë, *Wurthering Heights* de Emily Brontë).
• XXe siècle : George Orwell (*Animal Farm*), J. R. Tolkien (*The Hobbit*), Robert Dahl (*James and the Giant peach*), Agatha Christie (*The Murder on the Orient Express, Death on the Nile*), Joseph Conrad (*Lord Jim*).

Quelques grands écrivains irlandais : Oscar Wilde, G. B. Shaw, James Joyce, Samuel Beckett.

Peinture

William Hogarth (1697-1764)
Thomas Gainsborough (1727-1788)
J.M.W. Turner (1775-1851)
John Constable (1776-1837)
Francis Bacon (1909-1992)

Musique classique

Henry Purcell (1659-1695)
Sir Edward Elgar (1857-1934)
Frederick Delius (1862-1934)
Benjamin Britten (1913-1976)

L'incendie du Parlement, J.M.W. Turner, 1835.

5. Les fêtes

Les préparatifs de **Christmas Day** commencent longtemps à l'avance par l'envoi de cartes de Noël et la décoration du sapin de Noël. En Grande-Bretagne, les gens passent généra-

lement Noël chez eux en famille. Certaines maisons sont décorées de plantes à feuillage persistant : une couronne de houx sur la porte d'entrée et des guirlandes de houx, de lierre et de sapin à l'intérieur de la maison. On prépare les plats traditionnels : les *mince pies* (tartelettes fourrées) et le *Christmas pudding*. Le jour de Noël, avant de déjeuner, chacun va ouvrir ses *crackers*, en tirant en même temps sur chacune de ses extrémités. On découvre alors une petite surprise avec une légère détonation.
Boxing Day (le 26 décembre) est le jour où l'on donne des étrennes (des *Christmas boxes*) au facteur, au livreur de lait, etc. en les remerciant de leurs services.
La **Saint-Patrick** (le 17 mars) est un jour férié officiel en Irlande du Nord. Saint Patrick (environ 389-461) joua un rôle considérable dans la christianisation de l'Irlande. En sa mémoire, ce jour-là, les gens portent un trèfle à la boutonnière, symbole national de l'Irlande du Nord et de la République d'Irlande.
Halloween (le 31 octobre) était à l'origine une fête celte : on disait que cette nuit-là, toutes les sorcières et les esprits erraient sur terre. Les enfants parcourent les rues dans des tenues macabres en portant des lanternes d'Halloween, citrouilles évidées dans lesquelles ils découpent des yeux, un nez et une bouche et placent une bougie allumée.

6. Sports

Le sport est une valeur essentielle dans la culture anglo-saxonne : de très nombreux sports se sont développés dans les écoles et les universités, comme le football et le rugby. Le cricket est le sport national anglais, mais il est moins populaire que le football. D'autres sont davantage réservés aux classes aisées, comme le tennis, l'équitation (*horse racing*) et l'aviron (*rowing*).

Les États-Unis

Capitale : Washington D.C.
Régime : démocratie parlementaire.
Monnaie : le dollar américain.
Religion : protestants, catholiques, juifs.

1. Nourriture

Le rythme des repas est à peu près identique à celui des Britanniques.
• Le petit-déjeuner est très copieux avec café, jus de fruit, céréales, pancakes (crêpes épaisses servies avec du sirop d'érable – *maple sirup*) ou des *doughnuts* (beignets).
• Le déjeuner consiste souvent en un énorme steak (*T-bone*, *ribbs*) avec au choix frites (*french fries*), pommes de terre cuites au four (*baked potatoes*) ou légumes, ou consiste en un sandwich bien garni. Il existe une grande variété de pains et de garnitures. Le *brunch* permet de réunir petit-déjeuner et déjeuner en un seul repas : de nombreux restaurants offrent ce repas sous forme de buffet à volonté.
• Le dîner est semblable aux Britanniques et comprend seulement un plat principal et un dessert.

Quelques plats ou aliments typiques :
– le beurre de cacahuètes (*peanut butter*) ;
– le hot dog et le hamburger ;
– les boissons gazeuses (*soft drinks*) ;
– les gâteaux comme le *cheesecake*, le *carrot cake*, la *Pecan pie* ou la *pumpkin pie*.

2. Monuments et sites à visiter à Washington D.C.

– Le Lincoln Memorial ;
– la White House ;
– le Capitole ;
– le cimetière d'Arlington ;
– les musées : National Gallery of Art, le Musée de l'Air et de l'Espace…

3. Arts : quelques grands noms

Littérature

• XVIIIe siècle : Washington Irving (*Rip Van Winckle*).
• XIXe siècle : Edgar Allan Poe (*Tamerlane, Tales of the Grotesque and Arabesque*), Henry Melville (*Moby Dick*), Nathaniel Hawthorne (*The Scarlett Letter*), Henry James (*Daisy Miller, The Ambassadors*), Mark Twain (*The Adventures of Tom Sawyer, Huckleberry Finn).*
• XXe siècle : Edith Wharton (*The Age of Innocence*), William Faulkner (*Light in August, The Sound and the fury*), John Dos Passos (*Manhattan Transfer*), John Steinbeck (*Of Mice and Men, The Grapes of Wrath*), F. Scott Fitzgerald (*The Great Gatsby*), Ernest Hemingway (*The Old Man and the Sea*), Tennessee Williams (*A Streetcar named Desire*), Toni Morrison (*Beloved*), Stephen King (*Carrie, Shining*), Paul Auster (*Moon Palace, Leviathan*).

Peinture

Thomas Cole (1801-1848)
Winslow Homer (1836-1910)
Francis Davis Millet (1846-1912)
Edward Hopper (1882-1967)
Willem De Kooning (1904-1997)
Paul Jackson Pollock (1912-1956)
Andy Warhol (1930-1987)

Scène de paysage d'après Le Dernier Des Mohicans, T. Cole, 1827.

Musique classique

Charles Ives (1874-1954)
Georges Gershwin (1898-1937)
Aaron Copland (1900-1990)
John Cage (1912)
(Les Américains sont surtout les inventeurs des genres contemporains tels que le jazz, le blues, le rock and roll et la musique « country »).

4. Les fêtes

Les Américains partagent comme beaucoup d'autres nations trois grandes fêtes nationales : Pâques, Noël et le Jour de l'An. D'autres fêtes sont proprement américaines (même si elles existent sous une forme équivalente dans certains pays). Pour la plupart des Américains, il en est deux qui surpassent les autres car elles sont l'occasion de commémorer leurs origines : *Thanksgiving* et le *Quatre Juillet*.

Thanksgiving (journée d'action de grâces) se fête le quatrième jeudi de novembre, mais nombreux sont les Américains qui prennent un jour de congé le lendemain afin de rendre visite à leur famille et à leurs amis éloignés.

La fête remonte à 1621, soit un an après l'arrivée au Massachusetts des puritains résolus à pratiquer librement leur religion. Après un hiver très rude qui vit mourir la moitié d'entre eux, ils se tournèrent vers les tribus indiennes voisines qui leur apprirent à cultiver le maïs et d'autres plantes. À l'automne suivant, une récolte magnifique leur inspira l'idée d'exprimer leur reconnaissance en organisant une fête, qui acquit la dimension d'une tradition nationale, non seulement parce qu'elle célèbre la prospérité qu'ont trouvée de nombreux Américains, mais aussi parce que les sacrifices consentis par les Pères pèlerins au nom de la liberté continuent de fasciner les esprits. De nos jours, le déjeuner de *Thanksgiving* se compose toujours de quelques-uns des plats servis lors de la première fête : dinde rôtie, sauce aux airelles, pommes de terre, tarte au potiron.

Le ***« 4th of July »***, fête de l'Indépendance, commémore la naissance de la nation et la signature de la Déclaration d'Indépendance, le 4 juillet 1776. C'est une journée de pique-niques et de défilés patriotiques, une soirée de musique et de feux d'artifice.

Martin Luther King's Day *:* Martin Luther King était un pasteur afro-américain que l'on honore à cause de la lutte inlassable qu'il mena en vue d'obtenir par des moyens pacifiques la reconnaissance des droits civiques pour tous. Depuis son assassinat en 1968, des services célèbrent sa mémoire le jour de son anniversaire, le 15 janvier. En 1986, le troisième lundi de janvier fut proclamé fête nationale.

Presidents' Day *:* Jusqu'en 1975, l'anniversaire de George Washington — héros de la guerre d'Indépendance et premier président des États-Unis — qui tombait le 22 février, était une fête nationale. De plus, le 12 février, anniversaire d'Abraham Lincoln, président pendant la guerre de Sécession, était aussi férié dans la plupart des États. Il fut donc décidé d'associer ces deux journées et la fête célèbre aujourd'hui tous les anciens présidents des États-Unis. Elle est fixée au troisième lundi de février.

Memorial Day *:* créé après la guerre de Sécession, le quatrième lundi de mai est devenu le jour où l'on se souvient des morts de toutes les guerres et des défunts en général, au cours de cérémonies qui se déroulent dans les cimetières, les églises et autres lieux publics.

Veterans' Day *:* appelé à l'origine *Armistice Day,* ce jour férié fut créé pour honorer les Américains qui avaient servi lors de la Première Guerre mondiale. Il est fixé au 11 novembre, date de la fin de la guerre en 1918, mais il honore désormais les anciens combattants de toutes les guerres auxquelles les États-Unis ont pris part. Les associations d'anciens combattants organisent des défilés et le président va déposer une gerbe sur la tombe des Soldats inconnus au cimetière national d'Arlington, situé sur les bords du Potomac, en face de Washington.

Même s'ils ne sont pas fériés, deux autres jours donnent lieu à des célébrations pittoresques. Le 14 février, pour la ***Saint Valentine's Day*** (martyr chrétien des premiers temps), les Américains offrent des présents, fleurs ou bonbons, aux personnes qu'ils aiment. Le 31 octobre, ***Halloween*** (veille de la Toussaint), les enfants se déguisent et vont quêter des friandises de maison en maison. Les voisins sont supposés ouvrir leur porte et distribuer des bonbons ou un peu d'argent.

5. Sports

Le sport le plus populaire chez les Américains est le *baseball*. La saison est très longue et ne s'interrompt que pendant les quatorze semaines de la saison du football américain (*American football)*, presque aussi populaire.

Séquences pédagogiques

Séquence préliminaire : présentation d'une langue étrangère

L'école doit permettre à chaque élève de s'ouvrir sur le monde : le monde géographique, le monde culturel, le monde social et le monde des langues.

L'enfant de 6 ou 7 ans a la potentialité de compréhension et la curiosité nécessaire pour découvrir toutes ces diversités culturelles. Selon son âge, l'enseignant va lui proposer des sujets d'intérêt commun, le guidant par un questionnement, une réflexion sur les différences et les similitudes des langues.

La démarche prend appui, même si cela n'est pas toujours explicite dans les fiches proposées, sur les connaissances des enfants, si minimes soient-elles. En effet, il est difficile de généraliser dans un ouvrage une pratique évolutive pour chaque classe. Au CP-CE1, l'enseignant motive les élèves à partir d'un bilan de leurs connaissances sur le monde : connaissances par les parents, les médias, les livres documentaires... à travers des événements, des personnages. Et c'est en partant de ces connaissances que l'enseignant va intéresser les enfants à une langue étrangère.

Pour présenter une langue étrangère dans sa classe, l'enseignant commence donc par une découverte et une interrogation sur le monde. C'est l'objet de la séance préliminaire, qui se déroule en quatre étapes. Mais, selon l'intérêt des enfants, cette interrogation peut être beaucoup plus importante et même se prolonger tout au long de l'année dans les différents domaines scolaires.

Étape 1 (sur plusieurs séances)

Objectifs :
- Appréhender le monde affectif proche et lointain.
- Lire une carte, un globe terrestre.

Matériel :
- Une carte routière de France à afficher ou à projeter, puis 6 cartes (1 pour 5 enfants). ➤ Cartes
- Une carte de l'Europe et un globe terrestre. ➤ Cartes
- Cartes postales, timbres-poste...

Organisation :
- Groupe-classe, puis groupes de 5.

• En début d'année, l'enseignant se présente aux enfants en se situant dans l'espace : s'il habite loin ou près de l'école, dans la même ville ou le même village ou ailleurs.
Puis chaque enfant se situe rapidement.

• Ensuite, il se situe dans le temps et l'espace : quand il avait leur âge, il habitait à tel endroit, loin ou proche de leur école, ses parents habitent loin ou près...
Les enfants parlent alors de leurs grands-parents, de leurs cousins...

• L'enseignant montre une carte de France et situe son lieu d'habitation et de naissance. Par groupes de cinq, les enfants viennent repérer ce qu'ils connaissent sur une carte routière de France ou situer des lieux, aidés par l'enseignant.
• Certains enfants ont élargi, au-delà de la France, leur connaissance préalable grâce à des parents originaires de différents pays. Si ce n'est pas le cas, l'enseignant les sensibilise à l'aide de cartes postales, de timbres-poste… Une carte ou un globe terrestre est alors présentée. Chacun s'exprime sur ce qu'il connaît.
• Chaque groupe peut ensuite s'exprimer par l'intermédiaire d'un rapporteur qui « raconte » alors aux autres enfants de la classe, ce que son groupe a reconnu ou découvert sur le globe terrestre.
Au cours de ces séances, des enfants signaleront que, dans certains pays, les gens ne parlent pas la même langue qu'eux.

Étape 2 (sur plusieurs séances)

Objectifs :	– Se sensibiliser à des langues étrangères. – Découvrir des coutumes, des paysages à l'aide de documents.
Matériel :	– Carte et globe terrestre. – Livres documentaires, cartes postales.
Organisation :	– Groupe-classe.

• Les enfants sont regroupés autour de l'enseignant qui les accueille en leur parlant en anglais.
• Il leur demande en français s'ils comprennent ses paroles. Les enfants lui disent, soit qu'il parle une autre langue, soit qu'il dit du « bla- bla- bla », mais qu'ils ne comprennent pas. Il demande alors aux enfants s'ils connaissent une autre langue. Certains, selon leurs origines ou leur milieu, connaissent quelques mots. D'autres en inventent.
• L'enseignant fait avec eux un inventaire de leurs acquis antérieurs, situe sur une carte ou sur le globe terrestre l'origine des langues employées.
• Les enfants et l'enseignant apportent des cartes postales, des livres documentaires sur différents pays. Des « lectures » en sont faites pour s'interroger, comparer, émettre des hypothèses… Puis il sollicite les enfants afin qu'ils trouvent autour d'eux des parents, des amis qui puissent leur parler dans une autre langue.

Étape 3 (sur plusieurs séances)

Objectif :	– Découvrir des langues étrangères, des traditions à travers des reportages.
Matériel :	– Différents éléments ou renseignements apportés par les familles, les connaissances et l'enseignant.
Organisation :	– Groupe-classe.

Selon l'engagement, la disponibilité, les variétés d'ethnies, plusieurs séances sont organisées, au cours de l'année, afin que chacun puisse apporter des éléments de sa culture.
Les parents sont sollicités pour :
– venir parler dans leur langue, voire l'écrire ;
– décrire leur pays et ses traditions à travers des documents visuels et audiovisuels (musique, chant, danse, vêtements...) ;
– participer à des élaborations culinaires.
Il est important que des parents français viennent aussi présenter les traditions de leur pays d'origine, leur langue régionale.
L'enseignant doit toujours recentrer, avec diplomatie, la participation de ces intervenants extérieurs ponctuels et bénévoles pour qu'ils restent dans le domaine pédagogique qu'il a défini.

Étape 4 (une séance)

Objectif : – Se sensibiliser à une langue étrangère par le biais d'une chanson traditionnelle internationale.

Matériel : – *Frère Jacques* et *Brother John*.
Chansons et comptines – Plages 1 et 2

Organisation : – Groupe-classe.

• Les enfants sont regroupés autour de l'enseignant qui apporte un paquet de la poste pour la classe. Un enfant le déballe, un autre présente le CD.
Les enfants réagissent : « D'où vient-il ? Qui a pu l'envoyer ? Et si on l'écoutait ? » Ils écoutent la version française (plage 1), puis la version anglaise (plage 2). Les élèves reconnaissent la chanson, certains l'accompagnent en chantant en français, d'autres l'écoutent.
• Ils constatent que la seconde version n'est pas du français et font des hypothèses sur la langue. Certains enfants dont les parents sont d'origine étrangère pensent que la langue est celle de leurs parents ; d'autres, qui ont passé des vacances à l'étranger, pensent que c'est la langue qu'ils y ont entendue ; d'autres, se rappelant les séances précédentes, citent la langue qu'ils ont, sans doute, la mieux perçue ; d'autres encore citent la langue que l'enseignant a employée dans la deuxième étape.
• L'enseignant chante alors en anglais. Puis il leur présente la langue qu'il a utilisée. Il situe sur une carte et sur la mappemonde les pays où l'on parle cette langue. Certains enfants, s'ils connaissent le pays en question, peuvent également le faire.
• Les enfants réécoutent le CD trois ou quatre fois, en essayant de l'accompagner dans la langue.
Puis la question revient : « Qui a pu envoyer ce CD ? »
L'enseignant sort alors une carte postale de sa poche sur laquelle il lit : « *Hello* », signé « John », par exemple (prénom de la marionnette).
• Des hypothèses sont émises sur le sens du texte. Si les enfants ont des difficultés dans la découverte du sens, l'enseignant mime, en serrant par exemple la main d'un enfant, et en répétant ce qui est écrit. Mais le mystère demeure quant à la personne de John. L'enseignant promet de le dévoiler le lendemain (*cf.* séquence 1).

My name is...

Nombre de séances : 5

Vocabulaire et expressions : *Good morning – Goodbye – Hello – My name is… – What's your name?*

Première séance

Objectifs :	– Comprendre le principe de la marionnette. – Émettre des hypothèses sur une langue étrangère.
Matériel :	– La marionnette. – *Brother John.* Chansons et comptines – Plage 2
Organisation :	– Groupe-classe.

• **Présentation de la marionnette** : l'enseignant présente le mystérieux expéditeur du CD (voir p. 22). Il explique aux enfants qu'il s'agit d'une marionnette qui ne parle qu'anglais et qui ne comprend pas le français ; lorsque l'on parle français, elle se cache. En revanche, elle réapparaît quand elle entend parler anglais. (Dans cette séquence, elle est nommée John, mais à l'enseignant de lui attribuer le nom qu'il souhaite).
• L'enseignant demande aux élèves s'ils ont compris ce qu'il faut faire pour qu'elle apparaisse et parle. Les enfants répondent qu'il faudrait parler en anglais, mais constatent qu'ils ne connaissent pas cette langue.
• L'enseignant dit alors : « *Good morning!* »
Aussitôt la marionnette apparaît et parle en regardant l'enseignant :
« *Good morning* ». (La marionnette salue l'enseignant ou lui sert la main.) « *My name is John.* » La marionnette pointe son index sur elle-même. L'enseignant fait le même salut et répond : « *Good morning, John. My name is…* »
• Les enfants réagissent en émettant des hypothèses sur le texte dit, en s'adressant soit à l'enseignant, soit à la marionnette qui rentre alors sa tête ou disparaît puisqu'elle entend parler en français.
La scène est répétée si les enfants n'ont pas compris la situation.
• Quand l'ensemble du groupe a compris, l'enseignant dit quelques mots en anglais pour faire sortir à nouveau la marionnette. Cette dernière reprend le même dialogue en s'adressant à chaque enfant successivement.
Souvent les enfants ont bien compris la situation, mais les premiers interpellés ne savent généralement pas réinvestir le dialogue.
L'enseignant intervient en français en cachant la marionnette et demande à un enfant : « Te souviens-tu de ce que j'ai dit ? »

Généralement, le premier enfant concerné ne se souvient plus du dialogue. L'enseignant rejoue alors la même scène avec la marionnette sortie. L'enfant répète, avec l'aide de l'enseignant et en se nommant.
D'autres enfants volontaires font de même.

- L'enseignant félicite la classe afin de les encourager et leur donner l'envie de connaître la langue de la marionnette.
- Les enfants écoutent la chanson *Brother John*.
- La marionnette disparaît en disant « *Goodbye* ». L'enseignant répète « *Goodbye, John* », et invite les enfants à faire de même.

Deuxième séance

Objectifs :	– Comprendre la question : *What's your name?* – S'imprégner des paroles d'une chanson.
Matériel :	– La marionnette. – *Hello! Goodbye!* ➤ Chansons et comptines – Plage 3
Organisation :	– Groupe-classe (tous les enfants ne pourront pas s'exprimer au cours de cette séance, mais ils s'imprégneront de la langue).

- La marionnette arrive devant les enfants en chantonnant : « *Hello, hello, hello to you, and you, and you!* » et dit : « *Good morning!* » L'enseignant et les enfants répètent : « *Good morning!* » Ces salutations se répéteront à chaque séance spontanément.
- Les enfants chantent la première strophe de la chanson *Hello! Goodbye!*, accompagnés du CD plage 3.
- La marionnette se présente ensuite à l'enseignant :
« *Hello! My name is John. What's your name?* »
L'enseignant répond : « *Hello! My name is...* »
Ce mini-dialogue est présenté plusieurs fois devant les enfants.
- Puis la marionnette s'adresse à un enfant : « *Hello! My name is John. What's your name?* »
Si l'enfant ne comprend pas, la marionnette dit seulement : « *John* », en se montrant du doigt. Elle s'adresse ensuite à d'autres enfants.
Il ne s'agit pas d'insister sur l'expression « *My name is...* », l'acquisition sera progressive au cours des autres séances.
- Puis la marionnette dit : « *Goodbye!* » aux enfants et chantonne : « *Goodbye, goodbye, goodbye, to you, and you, and you!* » en disparaissant.
La classe répète : « *Goodbye!* »
- L'enseignant fait alors écouter la seconde strophe de la chanson *Hello! Goodbye!* Les enfants l'accompagnent de la voix.

Troisième séance

Objectifs :	– Savoir se présenter : *My name is...* – Mémoriser la chanson : *Hello! Goodbye!*
Matériel :	– La marionnette. – *Brother John* et *Hello! Goodbye!* Chansons et comptines – Plages 2 et 3
Organisation :	– Groupe-classe.

• Chant d'entrée : *Brother John*.
• La marionnette arrive devant les enfants en chantonnant *Hello!*
• Elle se présente comme précédemment, en insistant sur l'expression « *My name is...* » Puis elle demande à chacun : « *What's your name?* » Chaque enfant interpellé emploie l'expression *My name is...*
• La marionnette part en chantant la chanson *Hello!* (première strophe).
• L'enseignant fait ensuite écouter la chanson *Hello! Goodbye!* Les enfants essaient de chanter en l'accompagnant.

Quatrième séance

Objectif :	– Savoir se présenter d'une manière active.
Matériel :	– La marionnette. – *Hello! Goodbye!* Chansons et comptines – Plage 3
Organisation :	– Groupes de 10.

• Chant d'entrée : *Hello!* (première strophe).
• Puis un enfant volontaire se présente : « *My name is...* » et interroge un autre enfant en l'indiquant du doigt : « *What's your name?* »
Les autres enfants procèdent de la même façon.
• Cet échange se fait en insistant sur la gestuelle. Il faut encourager les enfants à interroger également l'enseignant et la marionnette.
• Puis la marionnette s'en va en chantant : « *Goodbye, goodbye, goodbye to you, and you, and you!* »
• Les enfants écoutent *Hello! Goodbye!* et accompagnent la chanson.
• Pour terminer la séance, ils chantent *Brother John* sans l'accompagnement du CD.

Cinquième séance (pour les CE1)

Objectif : – Lire et écrire les mots *Hello* et *Goodbye*.

Matériel : – Les images « *Hello* » et « *Goodbye* ».

Matériel – Séquence 1 (Flashcards CE1)

– Une fiche à compléter par élève avec deux personnages représentant « *Hello* » et « *Goodbye* ».

Matériel – Séquence 1 (Fiche élève CE1)

Organisation : – Groupe-classe.

• L'enseignant présente les flashcards « Hello » et « Goodbye » en les lisant et en mimant l'action. Les élèves les relisent plusieurs fois collectivement.
Puis l'enseignant écrit au tableau les deux mots en signifiant qu'ils devront être réutilisés pour compléter deux dessins de personnages qui font le signe « Hello » ou « Goodbye ».
• Chaque élève complète sa fiche.

Weather - Week days

Nombre de séances : 4 pour l'acquisition du lexique ; puis 1 courte séance quotidienne (réinvestissement).

Vocabulaire et expressions : *I'm / I'm not wearing – Look at… – Take… – I have got… – What is it? – the umbrella – the rain – the boots – the sun – the sunglasses – the sunhat – the snow – the snowboots – the snowman – the wind – the cloud – small – big – heavy – light – What's the weather like today? It's raining, it's sunny, it's hot, it's snowing, it's cold, it's cloudy, it's windy… – Show me… – Monday, Tuesday, Wednesday, Thursday, Friday, Saturday, Sunday.*

Remarques

La **météo** et la **date du jour** font partie des rituels effectués au début de la journée. Ainsi, cette séquence sert de support à ces moments ritualisés : il est préférable de commencer par le temps qu'il fait et de terminer par la date du jour.
Les séances météo ne sont pas ordonnées. À l'enseignant d'adapter la séance en fonction de la météo du jour et de réutiliser le vocabulaire tout au long de l'année.
Le nom du jour est introduit lors de la première séance météo. La date du jour est écrite au tableau en français. Pour les CP, la marionnette montre le nom du jour et le dit en anglais (par exemple, « *Monday* »). Les élèves le répètent. Pour les CE1, le nom du jour est écrit en anglais sous le mot correspondant en français. La marionnette le montre et le dit. Les élèves répètent. Ils peuvent ensuite l'écrire à leur tour sur leur feuille sous le mot en français.

Première séance : *Rain*

Objectifs :
- Acquérir du vocabulaire sur le temps qu'il fait et, notamment, autour de la pluie : *What's the weather like today?, It's raining, umbrella, rain, boots.*
- Connaître les expressions : *I'm wearing, I'm not wearing, Look at…, Take…*
- Apprendre un nouveau chant.

Matériel :
- La marionnette.
- Un parapluie.
- Des bottes en caoutchouc.
- Les images suivantes (format A4 et flashcards) : *rain, It's raining, boots, umbrella.*

Matériel – Séquence 2 (Affichage et flashcards)

– La comptine (chantée ou parlée) : *Rain, rain, go away* (de nombreuses versions sont proposées sur Internet, par exemple celle-ci [version complète] : www.**youtube**.com/watch?v=c3v0rJqyCTM).

Organisation : – Groupe-classe (choisir, si possible, un jour de pluie).

• Comptine d'entrée : *Rain, rain, go away* (ci-dessous, la version est raccourcie par rapport à l'original).

Rain, rain, go away
Come again another day
Daddy wants to play
Rain, rain, go away.

Rain, rain, go away
Come again another day
Mommy wants to play
Rain, rain, go away.

• L'enseignant récite la comptine d'un air très contrarié, en s'adressant à la marionnette qu'il tient en main.
La marionnette dit : « *Take your umbrella!* » en montrant le parapluie posé sur une table. L'enseignant ouvre le parapluie et montre la pluie qui tombe à l'extérieur. La marionnette dit : « *It's raining. Take your boots.* », en indiquant les bottes posées à côté du parapluie. L'enseignant pose le parapluie et enfile ses bottes puis s'adresse aux élèves : « *Look at my boots, look at my umbrella.* »
• L'enseignant montre les quatre images en répétant les mots puis invite les élèves à faire de même.
• Les élèves jouent au **jeu de *Touch and say*** : l'enseignant prononce en premier un des mots ; un enfant montre l'image correspondante. Puis un élève dit un autre mot ; un élève désigne l'image correspondante ; et ainsi de suite avec les quatre mots.
• Puis un dialogue s'instaure avec la marionnette. Cette dernière dit : « *Oh! I'm not wearing boots.* » en indiquant du doigt les bottes et faisant un signe de négation. L'enseignant répond : « *I'm wearing boots, it's raining.* » Puis la marionnette s'adresse à un enfant : « *Are you wearing boots?* » en accompagnant d'une gestuelle. Celui-ci répond : « *Yes, I'm wearing boots.* » ou « *No, I'm not wearing boots.* » Et ainsi de suite avec les autres enfants.
• Pour terminer, l'enseignant invite les enfants à dire tous ensemble les deux premières strophes de la comptine.

Deuxième séance : *Sun*

Objectifs :
- Acquérir du vocabulaire sur le temps et le soleil : *sun, sunglasses, sunhat.*
- Connaître les expressions : *It's hot., It's sunny., I have got…, What is it?*
- Apprendre un nouveau chant.

Matériel :
- La marionnette.
- Des jetons.
- Les images de la séance précédente.
- Les images suivantes (format A4 et flashcards) : *sun, it's sunny, it's hot, sunhat, sunglasses.*

➤ Matériel – Séquence 2 (Affichage et flashcards)

- La comptine *Rain, rain, go away.*
- La chanson *If you like the sun, baby,* qui reprend le thème de *If you're happy and you know it*, avec des paroles différentes.

➤ Chansons et comptines – Plage 13

Organisation :
- Groupe-classe puis atelier (choisir, si possible, un jour ensoleillé).

• Comptine d'entrée : *Rain, rain, go away* (voir séance précédente).
• L'enseignant se présente avec des lunettes de soleil et un chapeau de soleil. La marionnette dit : « *You have got sunglasses.* » L'enseignant enlève ses lunettes et répond : « *Yes, I have got sunglasses and a sunhat.* » La marionnette dit : « *It's sunny! It's hot!* », en s'épongeant le front. Elle montre les images représentant les mots *sunhat, sunglasses, the sun*. Les élèves répètent les mots en montrant les dessins correspondants.
• L'enseignant fait écouter le nouveau chant rythmé *If you like the sun, baby* :

If you like the sun, baby, clap your hands (clap, clap).
If you like the sun, baby, clap your hands (clap, clap).
If you like the sun, baby, then you really ought to show it,
If you like the sun, baby, clap your hands (clap, clap).

If you like the sun, baby, stomp your feet (stomp, stomp).
If you like the sun, baby, stomp your feet (stomp, stomp).
If you like the sun, baby, then you really ought to show it,
If you like the sun, baby, stomp your feet (stomp, stomp).

If you like the sun, baby, shout « Hurray » (hoo-ray!).
If you like the sun, baby, shout « Hurray » (hoo-ray!).
If you like the sun, baby, then you really ought to show it,
If you like the sun, baby, shout « Hurray » (hoo-ray!).

Les élèves répètent le chant, accompagnés du CD.

• Puis le jeu de ***Listen and Touch*** est proposé. L'enseignant explique que lorsqu'il prononce un mot, un élève désigné touche la carte correspondante.

• En atelier de neuf élèves, dont un meneur de jeu, les huit flashcards sont posées au centre du groupe. L'enseignant commence le jeu en posant la question : « *What is it?* » en désignant une carte à un élève. Celui-ci répond ce qui correspond à la flashcard indiquée. Puis le meneur de jeu interroge un autre élève : « *What is it?* » en désignant une autre flashcard. Il fait en sorte d'interroger tous les élèves, en pointant une flashcard différente à chaque fois. À chaque bonne réponse, un jeton est donné et le gagnant est celui qui a le plus de jetons. Ainsi, on interroge plusieurs fois les élèves et les flashacards sont désignées plusieurs fois.

• Pour terminer la séance, le groupe classe écoute et reprend la chanson *If you like the sun, baby*.

Troisième séance : *Snow*

Objectifs : – Acquérir du vocabulaire sur le temps et la neige : *snow, it's snowing, snowboots, it's cold, snowman*.
– Apprendre une nouvelle comptine.

Matériel : – La marionnette.
– Les images suivantes (format A4 et flashcards) : *snow, it's snowing, snowboots, snowman, it's cold*.

Matériel – Séquence 2 (Affichage et flashcards)

– La chanson *If you like the sun, baby*.

Chansons et comptines – Plage 13

– La comptine (parlée ou chantée) *Snow, white snow* (sur l'air de « Neige, neige blanche », dont on peut trouver l'air par exemple sur : www.mamalisa.com).

Organisation : – Groupe-classe (choisir, si possible, un jour de neige).

• Chanson d'entrée : *If you like the sun, baby.*

• La marionnette est introduite ; elle se précipite à la fenêtre en disant : « *Snow, snow, snow!* » L'enseignant répète le mot et demande aux élèves de faire de même. Puis la marionnette montre les bottes de neige d'un enfant (ou une paire apportée par l'enseignant) et dit : « *Snowboots! Snowboots!* », puis elle montre les siennes et dit : « *I'm wearing snowboots!* » Elle pose la question à plusieurs élèves : « *Are you wearing snowboots?* » ; ils répondent : « *Yes, I'm wearing snowboots.* » ou « *No, I'm not wearing snowboots.* »

• La marionnette frissonnante dit : « *It's cold… It's snowing…* » L'enseignant fait de même et demande aux élèves de l'imiter en prononçant les mots.

• Écoute de la comptine *Snow, white snow* (version dite par l'enseignant ou bien trouvée sur un CD ou Internet). L'enseignant la répète lentement et invite la classe à faire de même.

Snow, white snow, my dear snow
Fall on my sleeves below
And on my wee little nose
I feel that it froze.

Snow, white snow, my dear snow
Fall on my head just so,
And on my big shoes, I fret
They've become so wet.

Snow, white snow, my dear snow
Come, I'll eat you just so
Land oh so softly on me
Like a melting sweet. Yum!

- **Jeu du Tic Tac Toc** avec les quatre flashcards (voir la règle du jeu, p. 96).

Quatrième séance : *Wind and clouds*

Objectifs :
– Acquérir du vocabulaire sur un temps venté et nuageux : *wind, cloud.*
– Acquérir les expressions *: it's cloudy, it's windy.*
– Connaître ces adjectifs : *light, heavy, big, small.*
– Apprendre une nouvelle comptine.

Matériel :
– La marionnette.
– Les flashcards suivantes (format A4 ou flaschards) : *big cloud, small cloud, light wind, heavy wind, it's cloudy.*

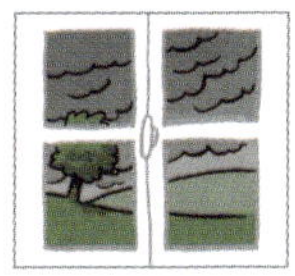

Matériel – Séquence 2 (Affichage et flashcards)

– La comptine (parlée ou chantée) *Snow, white snow.*
– La comptine parlée *Clouds and wind* (création des auteures).

Organisation :
– Groupe-classe (choisir, si possible, un jour où il y a des nuages et du vent).

- Chant ou comptine d'entrée : *Snow, white snow.*
- La marionnette entraîne les enfants à l'extérieur ou fait regarder par la fenêtre en indiquant le ciel : « *Look at the clouds, they are small (or big), it's cloudy.* » Elle fait un geste de déplacement plus ou moins rapide : « *The wind is light (or heavy), it's windy.* » L'enseignant répète les phrases et la gestuelle.
- L'enseignant montre les images et nomme la représentation. Les élèves sont invités à répéter et à mimer selon la force du vent (« *heavy, light* »).
- L'enseignant dit la comptine (ci-dessous) : *Clouds and wind*. Ils répètent avec l'enseignant la première strophe deux fois et ainsi pour les suivantes.

Clouds, clouds, small clouds.
Small clouds in the sky,
Small clouds mask the sun.

Clouds, clouds, big clouds.
Big clouds in the sky,
Big clouds give the rain.

Wind, wind, small wind.
Clouds move slowly.
Wind, wind, big wind.
Clouds move quickly.

Séances suivantes (réinvestissement) : *Weather*

Objectifs :
- Réinvestir le vocabulaire vu dans les séances précédentes.
- Connaître également : *What's the weather like today?*

Matériel :
- La marionnette.
- Les flashcards des séances précédentes et les flashcards CE1 (*it's sunny, it's cloudy, it's snowing, it's raining*).

➤ Matériel – Séquence 2 (Flashcards CE1)

Organisation :
- Groupe-classe.

À la suite de ces séances, introduire des moments ritualisés où l'on interroge sur le temps et le nom du jour.

• La marionnette questionne : « *What's the weather like today?* » en indiquant le ciel et en montrant les cinq flashcards : « *It's sunny, It's snowing, It's raining, It's cloudy, it's windy.* » Elle répète deux fois sa question sans attendre de réponse.

• Un enfant est invité à poser la même question à un autre élève ; une fois la réponse donnée, la ou les flashcards correspondantes sont affichées.

• Pour les CE1 : chaque matin, dire et écrire la météo (*it's sunny, it's cloudy, it's snowing, it's raining*).

How are you?

Nombre de séances : 5

Vocabulaire et expressions : *Listen – Touch – How are you? I'm fine – I'm so, so – I'm sad.*

Première séance

Objectif : – Poser la question « *How are you?* » et y répondre.

Matériel :
– La marionnette.
– *Hello! Goodbye!* ➤ Chansons et comptines – Plage 3
– Les trois images suivantes (format A4) : *I'm fine, I'm so, so, I'm sad.*
➤ Matériel – Séquence 3 (Affichage)

Organisation : – Demi-groupe.

• Pour commencer, la marionnette chante la chanson d'entrée *Hello!* (première strophe), accompagnée des enfants.
• Puis la marionnette pose la question : « *What's your name?* » à quelques enfants, qui se présentent ainsi : « *My name is…* ».
• Elle interroge l'enseignant : « *Hello, (Catherine), how are you today?* »
• L'enseignant affiche ou projette alors les images au tableau (document pour l'affichage sur le CD).
• La marionnette repose sa question.
• L'enseignant répond : « *I'm fine today* », en montrant la première image affichée au tableau et en faisant un large sourire.
• L'enseignant demande à la marionnette : « *Hello, "John", how are you?* »
• La marionnette répond : « *I'm so, so.* », en montrant la deuxième image. L'enseignant montre sur son visage une expression neutre.
• L'enseignant désigne la première image en souriant et en disant : « *I'm fine.* », puis la deuxième en ayant une expression neutre et en disant : « *I'm so, so.* »
• L'enseignant montre alors la troisième image avec une expression triste et en disant : « *I'm sad.* »
• L'enseignant répète deux ou trois fois les trois expressions avec les interprétations correspondantes, les enfants répètent après lui.

• Puis la marionnette interroge chaque enfant qui doit montrer une carte en essayant de dire la bonne réponse. L'enseignant aide les élèves à la demande.
• L'enseignant explique le jeu de ***Listen and Touch*** en disant l'une des expressions, par exemple « *I'm sad.* », puis en montrant son oreille d'un doigt pour « *Listen* » et en touchant l'image correspondante pour « *Touch* ».
L'enseignant dit à la marionnette : « *Touch : I'm so, so.* »
• Puis l'enseignant dit l'une des trois expressions : « *Touch : I'm sad.* » ou « *Touch : I'm fine.* » ou « *Touch : I'm so, so.* », et un élève doit toucher l'image correspondante.
• La séance se termine par la chanson *Hello! Goodbye!* accompagnée du CD.

Deuxième séance

Objectifs : – Savoir écouter, parler et mimer.
– Émettre des hypothèses sur une langue.
– Savoir employer les expressions *How are you? I'm fine*, etc.

Matériel : – La marionnette (et un lit de poupée).
– *Brother John* et *Hello! Goodbye!*
➤ Chansons et comptines – Plages 2 et 3
– Les trois images précédentes (format A4).
➤ Matériel – Séquence 3 (Affichage)

Organisation : – La classe.

• Chant d'entrée : *Hello! Goodbye!*
• La marionnette interroge l'enseignant : « *How are you?* » qui répond « *I'm fine.* », en montrant l'image et en s'exprimant par le visage.
• Puis l'enseignant interroge la marionnette qui répond : « *I'm sad.* », en montrant l'image correspondante, le visage de l'enseignant exprime alors la tristesse.
• Une conversation s'engage entre l'enseignant et la marionnette.

La marionnette : *I'm sad.*
L'enseignant : *Oh! You're sad. Why?*
La marionnette : *Because I'm tired.* (La marionnette exprime la fatigue.)
L'enseignant : *You're tired?*
La marionnette : *Yes, I want to sleep.* (La marionnette se couche par terre et ne bouge plus.)
L'enseignant : *Oh! You want to sleep!* (L'enseignant prend la marionnette et la couche dans un lit de poupée.)

• L'enseignant interroge, en français, les enfants sur ce qu'ils ont compris.
• La scène est reprise si elle n'a pas été comprise par certains enfants.
Il est à remarquer que, pendant ce sketch, beaucoup d'enfants émettent des hypothèses sur le sens et essaient de traduire spontanément.
• L'enseignant répète les mots correspondants aux visages, puis il s'adresse à un enfant.
« *Hello, (Mary). I'm fine.* » L'enseignant mime : il parle à l'enfant, montre du doigt l'image correspondante, puis se montre en souriant, puis remontre du doigt l'enfant en continuant : « *And you?* »

L'enfant montre une image, mime, l'enseignant l'aide dans sa réponse.
• Le même dialogue a lieu avec chaque enfant qui répond en mimant l'expression qu'il a citée.
• La séance se termine par le chant *Brother John*.

Troisième séance

Objectifs :	– Réinvestir les expressions apprises précédemment. – S'imprégner des paroles d'un nouveau chant : *How are you?*
Matériel :	– La marionnette. – *Hello! Goodbye!* et *How are you?* Chansons et comptines – Plages 3 et 4 – Les trois images précédentes : format A4 et format flashcard (une flashcard par enfant). Matériel – Séquence 3 (Affichage et flashcards)
Organisation :	– Groupe-classe.

• Chant d'entrée : *Hello!* (première strophe).
• L'enseignant demande à la marionnette : « *How are you?* » Celle-ci répond, puis questionne l'enseignant qui répond.
• La marionnette interroge les enfants qui répondent en mimant en même temps l'expression.
• Distribuer à chaque enfant une flashcard. La marionnette dit : « *I'm fine.* » ou « *I'm so, so.* » ou « *I'm sad.* » Les enfants doivent alors montrer la carte correspondante s'ils la possèdent.
Puis, l'enseignant organise un jeu avec la classe partagée en deux équipes. Chaque bonne réponse donne un point sous forme de jetons à son équipe. L'équipe gagnante est celle qui a le plus de jetons.
• Les enfants écoutent plusieurs fois la chanson *How are you?* et essaient de la chanter.

Quatrième séance

Objectif :	– Les mêmes objectifs que ceux de la séance précédente.
Matériel :	– La marionnette. – *How are you?* Chansons et comptines – Plage 4 – Les trois images précédentes (Affichage).
Organisation :	– Groupe-classe.

• Chant d'entrée : *How are you?*
• La marionnette interroge les enfants les uns après les autres : « *How are you?* » Chaque enfant répond en fonction de l'expression qu'il a choisie.

• **Jeu du mime** (les enfants sont en binôme) : un enfant mime un visage triste, joyeux ou neutre et interroge du geste et du regard un autre enfant, qui doit lui répondre par le mot indiquant l'expression : *Sad, Fine*... ou *So, so*.
• Les enfants chantent *How are you?*

Cinquième séance (pour les CE1)

Objectif : – Lire et écrire les mots : *fine, sad, so, so.*

Matériel : – Les trois images précédentes (format A4 et flashcards CE1).
> Matériel – Séquence 3 (Flashcards CE1)

– Une feuille A4 par élève (ou le cahier destiné à conserver la trace écrite en anglais).

Organisation : – Groupe-classe.

• L'enseignant présente les trois images affichées en donnant le mot (ou l'expression) en anglais correspondant(e). Les élèves sont invités à dire plusieurs fois collectivement ces mots selon la carte montrée.
• Les flashcards CE1 sont ensuite affichées au tableau. L'enseignant demande aux élèves de dessiner sur la feuille distribuée trois visages représentant les expressions et d'écrire le mots (ou l'expression) correspondant(e) en utilisant les affichages.

Numbers

Nombre de séances : 5

Vocabulaire et expressions : *one – two – three – four – five – six – seven – eight – nine – ten – sweet(s) – Give me… – thank you.*

Première séance

Objectif : – Connaître les chiffres de 1 à 4.

Matériel :
– La marionnette.
– *How are you?*
Chansons et comptines – Plage 4
– Un sac et des bonbons[1].
– 4 flashcards avec les chiffres : 1, 2, 3, 4 et le nombre écrit (pour le CE1).
Matériel – Séquence 4 (Flashcards)

Organisation : – Groupe-classe.

• La marionnette arrive avec un petit sac et montre qu'il y a des bonbons pour tous les enfants : « *These are sweets, one, two, three… a lot of sweets for you!* » La marionnette mime avec ses doigts pour les chiffres et avec un bras pour l'ensemble des enfants.
• L'enseignant montre un bonbon : « *One sweet.* » en levant un doigt, puis un enfant : « *One child.* » en désignant un élève d'une main et en levant un doigt de l'autre main.
L'enseignant montre à nouveau le sac ouvert, plein de bonbons : « *Sweets.* »
La marionnette prend un bonbon : « *One* » et l'enseignant lève un doigt.
La marionnette prend deux bonbons : « *Two* » et l'enseignant lève deux doigts. Et ainsi de suite jusqu'au chiffre 4.
La marionnette remet les bonbons dans le sac, puis recommence à les sortir en nommant les quantités.
• L'enseignant montre les quatre cartes sur lesquelles sont dessinées les chiffres tout en les nommant, et invite les élèves à faire de même plusieurs fois.
• La marionnette s'adresse à l'enseignant et demande : « *Give me three sweets.* » L'enseignant lui donne trois bonbons en répétant : « *Three* » et en indiquant la quantité avec ses doigts, un enfant est invité à montrer la carte correspondante. Procéder de la même manière avec les autres chiffres.
• La marionnette s'adresse à un enfant et lui demande : « *Give me three sweets.* » L'enfant sort la quantité de bonbons demandés. Elle recommence avec d'autres enfants.

1. On peut remplacer les bonbons du CE1, par des images (*pictures*), cartes (*cards*) ou tout autre objet.

• Puis on inverse les rôles. Le sac de bonbons circule dans la classe : quelques élèves devront demander à la marionnette, chacun leur tour, un certain nombre de bonbons : « *Give me two sweets.* », puis les remettre dans le sac.
• Enfin la marionnette distribue un bonbon à chacun.
• On termine la séance par le chant : *How are you?*

Deuxième séance

Objectifs :
- Connaître les chiffres de 1 à 8.
- S'imprégner des paroles d'une comptine.
- Apprendre une nouvelle expression : *Thank you.*

Matériel :
- La marionnette.
- *Hello! Goodbye!* et *One, two…*
  Chansons et comptines – Plages 3 et 5
- Les 4 cartes précédentes et les 4 nouvelles portant les chiffres 5, 6, 7, 8.
  Matériel – Séquence 4 (Flashcards)
- Un sac de bonbons.

Organisation :
- Atelier de 10.

• Comptine : *One, two* à écouter.
• La marionnette présente de nouveau le sac de bonbons. La séance se passe comme précédemment en ajoutant les nouveaux chiffres.
• À la fin de la séance, au moment de la distribution des bonbons, l'enseignant commence par en recevoir un de la part de la marionnette et lui dit : « *Thank you.* » Il demande aux enfants de faire de même.
• L'enseignant récite la comptine en comptant avec ses doigts. Après avoir écouté deux ou trois fois le CD, les enfants sont invités à réciter la comptine.

Troisième séance

Objectifs :
- Connaître les chiffres de 1 à 10.
- Apprendre un nouveau chant : *Ten little Indians.*

Matériel :
- La marionnette.
- *One, two* et *Ten little Indians.*
  Chansons et comptines – Plages 5 et 6
- Les 8 cartes précédentes et les deux nouvelles portant les nombres : 9, 10.
  Matériel – Séquence 4 (Flashcards)
- Un sac de bonbons.

Organisation :
- Groupe-classe.

• Comptine : *One, two.*
• Rappel des huit chiffres : l'enseignant questionne les élèves et les aide à restituer le vocabulaire.

• L'enseignant montre à la marionnette la carte portant le chiffre 9. Elle répond : « *Nine* » et sort neuf bonbons du sac. Procéder de la même façon pour le chiffre 10. Puis la séance se passe comme précédemment, en rappelant aux enfants l'expression : « *Thank you.* »
• Écoute du nouveau chant : *Ten little Indians* en employant la gestuelle des doitgts pour les quantités.

Quatrième séance

Objectifs :
- Réinvestir la suite des nombres en jouant au loto.
- Chercher des indices dans l'oral.

Matériel :
- La marionnette.
- *One, two* et *Ten little Indians*.

➤ Chansons et comptines – Plages 5 et 6

- Les flashcards des nombres 1 à 10 (par enfant) utilisées précédemment.
- 10 cartons de loto (à imprimer ou coller de préférence sur du carton, au format A3).

➤ Matériel – Séquence 4 (Loto)

	1	2	3
4	5	6	7
8	9	10	

Organisation :
- Atelier de 10.

• Comptine : *One, two* en montrant les nombres avec les doigts.
• **Jeu de loto** : la marionnette dit lentement en insistant bien sur le mot « *lotto* » et en détachant bien chaque mot : « *Good morning! Today, we play lotto.* » Pour faire comprendre le mot « *today* », l'enseignant montre la date du jour affichée.
Les enfants comprennent le sens général du texte grâce au dernier mot.
Puis l'enseignant explique le jeu en français.
Chaque enfant reçoit un carton de loto et 10 flashcards. Lorsque la marionnette dit un nombre, le premier qui montre la flashcard correspondante inscrit une croix au bon endroit sur le carton.
Le gagnant est celui qui a rempli le premier son carton.
• Chant : *Ten little Indians*.
L'enseignant accompagne la chanson de la gestuelle appropriée.

Cinquième séance (pour les CE1)

Objectif : – Lire et écrire les mots : *one, two, three*.

Matériel : – Les flashcards CE1 représentant les nombres 1, 2, 3.
➤ Matériel – Séquence 4 (Flashcards CE1)
– Une feuille A4 par élève (ou le cahier destiné à conserver la trace écrite en anglais).

Organisation : – Groupe-classe.

• L'enseignant présente, par exemple, trois crayons et demande aux élèves de dire le nombre en anglais. Il invite ensuite les élèves à dessiner le même nombre d'objets sur leur feuille et à écrire en dessous le nombre en anglais en s'aidant des flashcards affichées au tableau.
• On fait de même pour les deux autres nombres.

Food

Nombre de séances : 10

Vocabulaire et expressions : *chocolate – water – bread – apple – say – Stand up! – Sit down! – Do you like...? – Yes, I do – Yes, I like... – No, I don't like... – rice – banana – spinach – egg – cake – wine – coffee.*

Première séance

Objectifs :
- Réinvestir les expressions connues.
- Apprendre du nouveau vocabulaire.

Matériel :
- La marionnette.
- *Hello! Goodbye!*

➤ Chansons et comptines – Plage 3

- Les quatre images suivantes : *chocolate, water, bread, apple.* (Le chocolat a été choisi pour sa traduction proche du mot français.)

➤ Matériel – Séquence 5 (Affichage)

Organisation :
- Groupe-classe.

• Chant d'entrée : *Hello! Goodbye!*
• L'enseignant fait un rappel de la séance précédente. La marionnette demande à quelques enfants : « *Hello X... How are you?* » Chacun doit répondre : « *I'm so, so.* » ou « *I'm fine.* » ou « *I'm sad.* »
• Les quatre images sont disposées sur une table placée devant les enfants qui sont assis en demi-cercle. La marionnette nomme chaque aliment en insistant par le geste et surtout pour montrer que c'est le contenu (*water*) de la carafe qui est désigné. Elle répète plusieurs fois les mots dans un ordre différent, et en désignant toujours chaque aliment.
• La marionnette prononce à nouveau les mots et l'enseignant les désigne.
• L'enseignant propose aux enfants de jouer au **jeu de *Touch and Say***. C'est d'abord l'enseignant qui prononce le mot correspondant à l'aliment ; un enfant montre l'image de l'aliment.
Puis c'est un élève qui dit l'un des quatre mots et un autre qui désigne l'image correspondante.
• La séance se termine par la dégustation de pommes et de chocolat.

Deuxième séance

Objectifs : – Réinvestir des expressions et des mots nouveaux.
– Mémoriser et répondre à des verbes d'action.

Matériel : – La marionnette.
– *How are you?* et *Ten little Indians.*
Chansons et comptines – Plages 4 et 6
– Les quatre images précédentes (format A4).

Organisation : – Groupe-classe.

• Chant d'entrée : *How are you?*
• L'enseignant demande à la classe : « *How are you?* » Elle écoute les réponses générales et demande à quelques-uns de répondre : « *I'm...* », en insistant bien sur cette expression.
• La marionnette nomme chaque image plusieurs fois.
• Elle demande aux enfants de jouer à nouveau au **jeu de *Listen and Touch***. Chacun vient montrer l'image correspondante au mot prononcé par la marionnette.
• **Jeu par équipe** : la classe est divisée en deux groupes placés en deux files, debout devant des chaises. Chacun à leur tour, les enfants viennent désigner l'aliment nommé par la marionnette et répètent le mot.
L'enseignant explique en français que si la réponse est juste, l'enfant retourne dans sa file. La marionnette lui dira alors : « *Sit down.* » (L'enseignant ne traduit pas, mais accompagne l'expression en s'asseyant sur l'une des chaises.) En revanche, si la réponse est fausse, elle dira : « *Stand up!* ». L'enseignant fait de même en se plaçant debout devant l'une des chaises. La marionnette répète plusieurs fois ces consignes.
L'équipe gagnante est celle qui, la première, aura tous ses équipiers assis.
• Les enfants écoutent et chantent : *How are you?*
• On termine par le chant : *Ten little Indians.*

Troisième séance

Objectif : – Réinvestir des mots et des expressions.

Matériel : – *Hello! Goodbye!* et *How are you?*
Chansons et comptines – Plages 3 et 4
– Les quatre images des mêmes aliments fixées au tableau et numérotées de 1 à 4 en dessous.

Organisation : – Groupe-classe.

• Chant d'entrée : *How are you?*
• Questionnement : *How are you?* et réponses.
• L'enseignant énonce à nouveau les mots correspondant aux images du tableau, les enfants les répètent plusieurs fois avec l'enseignant.

• **Jeu** : la classe est divisée en deux équipes, chacune est disposée en quart de cercle autour du tableau. Les enfants sont assis sur le sol.
L'enseignant dit : « *Stand up!* » au premier enfant en faisant un geste de la main de bas en haut, puis nomme un aliment que l'enfant va désigner. Si l'indication de l'enfant est juste, il retire l'image (il ne reste que le numéro), l'équipe gagne un jeton. Si l'indication est fausse, l'équipe ne gagne rien. Dans les deux cas, l'enseignant renvoie l'enfant à sa place en disant : « *Sit down.* » et en accompagnant du geste de haut en bas. On pourra accompagner le geste de phrases comme : « *Yes, very good.* » ou « *No, it's not correct.* »
• Le jeu continue, mais cette fois-ci sans les images. Les enfants doivent montrer alors seulement le numéro, ils doivent ainsi faire un effort de mémorisation à la fois du numéro de l'image et du mot lui correspondant. C'est l'équipe qui a le plus de jetons qui gagne.
• On termine par le chant : *Hello! Goodbye!*

Quatrième séance

Objectifs :
- Comprendre une conversation par les intonations et le mime.
- Réinvestir des mots connus.
- Connaître les structures : *Do you like...? Yes, I do.*

Matériel :
- La marionnette.
- *How are you?* et *I like to eat...*

  ➤ Chansons et comptines – Plages 4 et 7
- Les quatre images précédentes.

Organisation :
- Demi-groupe.

• Chant d'entrée : *How are you?*
• La marionnette demande à chaque enfant : « *How are you?* » Les élèves répondent.
• L'enseignant dessine au tableau et devant les enfants, un cœur (ou il peut utiliser l'image de la Séquence 5 : voir p. 44). La consigne a été rappelée de ne pas s'exprimer en français devant la marionnette.
Les images des aliments sont disposées sur une table devant les enfants.
L'enseignant dit : « *I like chocolate.* », tout en montrant le cœur, en prenant l'image du chocolat, en se léchant les babines et en se frottant le ventre.
La marionnette fait de même en prenant l'image de la pomme : « *I like apples.* »
La marionnette demande à l'enseignant : « *Do you like chocolate?* » en prenant l'image du chocolat. L'enseignant répond : « *Yes, I do.* » en mimant.
L'enseignant lui demande : « *Do you like apples?* »
La marionnette répond de même.
Puis elle pose la question à un enfant en indiquant à la fois le cœur et la pomme. L'enfant répond : « *Yes, I do.* » L'enseignant peut l'aider dans sa réponse. Et ainsi de suite pour les autres enfants.
• Écoute de la chanson *I like to eat apples and bananas.*

Cinquième séance

Objectifs :
- Réinvestir des mots connus.
- Connaître un mot nouveau : *coffee*.

Matériel :
- La marionnette.
- *How are you?* et *I like to eat...*

Chansons et comptines – Plages 4 et 7

- Les quatre images précédentes et une cinquième (format A4 et format flashcard) représentant une tasse de café.

Matériel – Séquence 5 (Affichage et flashcards)

- Deux cœurs sont affichés (ou dessinés au tableau) dont un est barré.

Matériel – Séquence 5 (Affichage)

Organisation :
- Groupe-classe.

• Chant d'entrée : *How are you?*
• Les cinq images sont affichées.

L'enseignant demande à la marionnette : « *Do you like coffee, (John)?* », en montrant l'image du café.
La marionnette répond en indiquant l'image et le cœur barré : « *No, I don't.* »
La marionnette interroge aussi l'enseignant en indiquant le café. Il donne la même réponse.
L'enseignant interroge chaque enfant sur une image et les aide à répondre par « *Yes, I do.* », en montrant le cœur non barré ou « *No, I don't.* » en montrant le cœur barré.
Les enfants, par deux, vont jouer à se poser cette question, à l'aide des flashcards. L'un questionne, l'autre répond ; puis les rôles sont inversés. Le rôle de l'enseignant est de les aider pour ce qui est du texte et de la prononciation.

• Écoute de la chanson *I like to eat apples and bananas*.

Sixième séance

Objectifs :
- Acquérir du vocabulaire : *rice, cake, banana, egg, spinach, wine*.
- Exprimer ses goûts.
- Apprendre un nouveau chant.

Matériel : – *How are you?* et *I like to eat...*

> Chansons et comptines – Plages 4 et 7

– Les cinq images précédentes (format A4) et les images suivantes : *rice, cake, banana, eggs, spinach, wine*.

> Matériel – Séquence 5 (Affichage)

Organisation : – Demi-groupe, puis le groupe-classe pour le jeu.

- Chant d'entrée : *How are you?*
- Questionnement : « *How are you?* » et réponses.
- Les cinq images et les deux cœurs sont affichés. L'enseignant nomme chaque aliment plusieurs fois, puis dit son goût pour chacun d'eux en utilisant la parole et les cœurs.
- Les enfants sont invités à faire de même pour un aliment de leur choix.
- L'enseignant interroge chaque enfant sur un aliment et l'aide dans sa réponse.
- Proposer le jeu en groupe-classe identique à celui de la troisième séance (*cf.* p. 43), mais à l'aide des six images supplémentaires : *rice, cake, banana, eggs, spinach, wine*.
- Chant en groupe-classe : apprentissage de *I like to eat apples and bananas*.

Les enfants écoutent le CD, puis l'enseignant chante lentement la chanson en montrant des images illustrant les mots et en mimant : « *I like...* » (le cœur non barré), « *to eat...* » en montrant les deux images (*apples* et *banana*).

Cette chanson joue également sur la déformation des mots, l'enseignant le fera remarquer lorsque les élèves connaîtront correctement le texte initial (*cf.* huitième séance).

Septième séance

Objectif : – Jouer en s'exprimant dans une autre langue.

Matériel : – *Ten little Indians* et *I like to eat...*

> Chansons et comptines – Plages 6 et 7

– Un dé avec les constellations de 1 à 6 ou les chiffres écrits (à fabriquer).

– Un plateau de jeu de l'oie.

> Matériel – Séquence 5 (Jeu de l'oie)

– Les flashcards correspondant aux dessins des cases du jeu.

Organisation : – En atelier de cinq enfants. Cette séance est incluse dans le temps des ateliers de la classe. La présentation du jeu se fait avec le groupe-classe, sachant qu'il sera sans doute utile de rappeler la règle du jeu à chaque petit groupe.

• **Jeu de l'oie** : il se déroule avec quatre joueurs et un meneur de jeu.

Chaque joueur lance le dé. S'il tombe sur une case dessinée, il doit nommer l'aliment. Le meneur lui pose alors la question : « *Do you like...?* ». Le joueur peut répondre : « *Yes, I like...* » ou « *No, I don't like...* ».
Si le joueur a bien nommé l'aliment, il gagne la flashcard correspondante.
La direction des flèches indique qu'il faut soit avancer du nombre de cases, soit reculer.
Il y a deux gagnants : celui qui arrive le premier à l'arrivée (la tasse de café) et celui qui a le plus de flashcards.
• À la fin des ateliers, toute la classe écoute et chante *I like to eat apples and bananas,* puis chante *Ten little Indians.*

Huitième séance

Objectif :	– Travailler sa prononciation et son articulation.
Matériel :	– *How are you?* et *I like to eat...* Chansons et comptines – Plages 4 et 7 – Toutes les images (format A4) sur les aliments.
Organisation :	– Groupe-classe.

• Chant d'entrée : *I like to eat apples and bananas.*
• Les images sont affichées. La marionnette interroge les enfants : « *Do you like apples?* » L'enfant interrogé doit montrer l'aliment et répondre à la question. Et ainsi de suite avec chaque enfant. L'enseignant aide les élèves à répondre et rectifie la prononciation.
• Les enfants écoutent le CD du chant qu'ils connaissent déjà et essaient de trouver les transformations faites avec les sons : *it* pour *eat* fait *ipples* pour *apples* et *bininis* pour *bananas, ot* pour *eat* fait *opples* et *bononos,* etc.
• Ils jouent donc ensuite à modifier eux-mêmes en chantant. Ce jeu avec les sons oblige les enfants à bien prononcer les sons désirés et aussi à bien articuler.
• On termine par les chants : *I like to eat...* et *How are you?*

Neuvième séance

Objectif :	– Réinvestir des acquis.
Matériel :	– *I like to eat...* Chansons et comptines – Plage 7

- Toutes les images (format flashcard) sur les aliments.
- 5 dés (à fabriquer) : chaque face du dé représente un aliment.

Matériel – Séquence 5 (Patron de dé)

- Des jetons.
- Cinq minuteurs ou bien l'enseignant rythme le temps.

Organisation : – La classe regroupée, puis en atelier de cinq enfants (4 joueurs et 1 meneur).

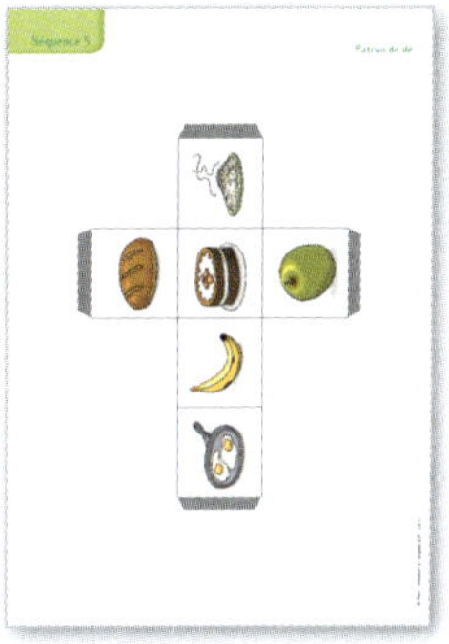

- Chant d'entrée : *I like to eat apples and bananas.*
- L'enseignant propose le **jeu de *Touch and Say*** avec les flashcards de tous les aliments.
- Puis l'enseignant explique le **jeu de dé** en français à toute la classe : les élèves doivent se regrouper par équipe de cinq (dont un meneur). Les joueurs jouent chacun à leur tour. Un premier élève lance le dé. Il nomme l'aliment. S'il répond juste, il a un jeton, sinon il passe son tour. Et ainsi de suite. L'enseignant donne un temps de jeu à l'aide d'un minuteur. Le joueur qui a le plus de jetons à l'arrêt du jeu a gagné. Le meneur devient joueur.
- Les enfants se regroupent par cinq. Le jeu peut commencer.

Dixième séance (pour les CE1)

Objectif : – Lire et écrire les mots : *banana, chocolate, rice*… et les phrases *I like, I don't like*…

Matériel : – Les onze flashcards CE1 des aliments.

Matériel – Séquence 5 (Flashcards CE1)

- Les flashcards « *I like* », « *I don't like* » (cœur non barré ou barré : voir séance 5).
- Une feuille A4 par élève (ou le cahier destiné à conserver la trace écrite en anglais).

Organisation : – Groupe-classe.

- L'enseignant affiche les flashcards précitées et rappelle les mots ou expressions correspondants. Les élèves lisent chacune d'entre elles.
- Puis chacun est invité à associer, selon son goût, un aliment et un cœur puis à énoncer oralement son choix. L'enseignant donne alors la consigne d'écrire trois aliments et l'expression qui convient à leur préférence : « I like » ou « I don't like ».

Prolongement

Une séance supplémentaire peut être ajoutée : afficher un menu écrit (par ex. : *tomato, eggs, rice, chocolate cake.*) Les élèves le lisent et traduisent leur compréhension en le représentant par des dessins (sur feuille A4 ou sur cahier). Ils peuvent également composer un menu et l'écrire en utilisant les flashcards.

Halloween

Nombre de séances : 11

Vocabulaire et expressions : *Yes, I do – No, I don't – I like – Yes, it is – No, it isn't – What is it? It's... – Listen! – Be quiet! – a ghost – a cat – a pumpkin – a witch – a moon – a brush – a big pot.*

Première séance

Objectifs :
– Réinvestir des acquis.
– Découvrir une fête traditionnelle.

Matériel :
– *Hello! Goodbye!* et *I like to eat...*
Chansons et comptines – Plages 3 et 7
– Une documentation sur Halloween et des images.
Photos
– Les images (format A4) sur les aliments (voir séquence 5).

Organisation :
– Groupe-classe.

• Chant d'entrée : *Hello!* (première strophe).
• Puis les élèves écoutent la chanson : *I like to eat apples and bananas.*
• L'enseignant pose les questions en montrant les images au tableau :

« *Do you like to eat apples?* »
« *Do you like to eat bananas?* »
« *Do you like to drink coffee?* »

Les élèves répondent par : « *Yes, I do.* » ou « *No, I don't.* » selon leur goût pour la nourriture indiquée. Les autres enfants peuvent aider l'enfant interrogé.

• L'enseignant introduit le nouveau sujet : la fête de Halloween.
Il les interroge sur cette fête : que savent-ils ?
« On a vu dans les magasins. C'est des sorcières... des monstres... y'a la citrouille qui a des yeux... c'est pour faire peur... »
L'enseignant explique que c'est une fête qui existe surtout dans les pays où l'on parle anglais. Certains enfants rappellent que c'est en Angleterre et en Amérique.

• L'enseignant lit un livre sur Halloween et leur demande d'apporter des objets ou des documents sur cette fête. Il peut montrer (par affichage ou vidéoprojection) les photos proposées dans l'ouvrage.
• La séance se termine par le chant : *Hello! Goodbye!*

N.B. : Cette fête est célébrée à la veille de la Toussaint et correspond à une ancienne fête celtique où l'on craignait que les mauvais esprits reviennent hanter le monde des vivants. Les feux et les lanternes étaient sensés les écarter. C'est pourquoi les déguisements et les décorations évoquent un monde de l'au-delà (fantômes, squelettes, sorcières, monstres…) et que des lanternes (des *Jack-o'-Lanterns*) en forme de citrouille décorent les maisons (voir également pp. 15 et 18).

Deuxième séance

Objectifs :
- Acquérir du vocabulaire : *a ghost, a cat, a pumpkin, a witch.*
- Associer image et mot.

Matériel :
- *Brother John* et *One, two.*

➤ Chansons et comptines – Plages 2 et 5

- La documentation de la séance 1 et ce qui été apporté par les enfants.
- Les quatre images suivantes (format A4) : *ghost, cat, pumpkin, witch.*

➤ Matériel – Séquence 6 (Affichage)

Organisation :
- Groupe-classe.

• Comptine : *One, two.*

• Les objets ou documents apportés par les enfants sont présentés à la classe : des masques qui font peur, des bougies en forme de fantôme, des citrouilles, des livres, des images. Chacun s'exprime en français sur la fête de Halloween : ce que l'on y voit, ce que l'on y fait, ce que l'on dit. Il peut montrer également les photos vues en séance 1.

• L'enseignant présente les images : *a ghost, a cat, a pumpkin, a witch*. Il répète plusieurs fois ces quatre mots en anglais en montrant les objets ou personnages correspondants. Les cartes sont fixées au tableau à la hauteur des enfants.

• Le **jeu de *Listen and Touch*** est proposé : l'enseignant explique que, lorsqu'il prononce le mot, un enfant désigné doit toucher l'image correspondante ou un objet apporté.

• Dans un deuxième temps, l'enseignant propose le **jeu de *Touch and Say*** en le mimant : il touche une image ou l'objet et dit le mot qu'il représente. Les enfants essaient de faire de même, avec l'aide de l'adulte si nécessaire.

• La séance se termine par le chant *Brother John*.

Troisième séance

Objectifs : – Mémoriser et prononcer des mots en anglais.
– Appliquer des règles de jeu.

Matériel : – *How are you?* et *I like to eat.*
Chansons et comptines – Plages 4 et 7
– Les 4 images (format A4) de la séance précédente.
– Le plateau du « jeu du chemin ».
Matériel – Séquence 6 (Jeu du chemin)
– Deux pions de couleur différente.

Organisation : – Groupe-classe.

• Chant d'entrée : *How are you?*
• L'enseignant présente un nouveau jeu : **le jeu du chemin**. Il a imprimé le plateau de jeu, si possible en A3 : une équipe se déplace de gauche à droite et l'autre équipe de droite à gauche. Les quatre images sont disposées au tableau et numérotées de 1 à 4.

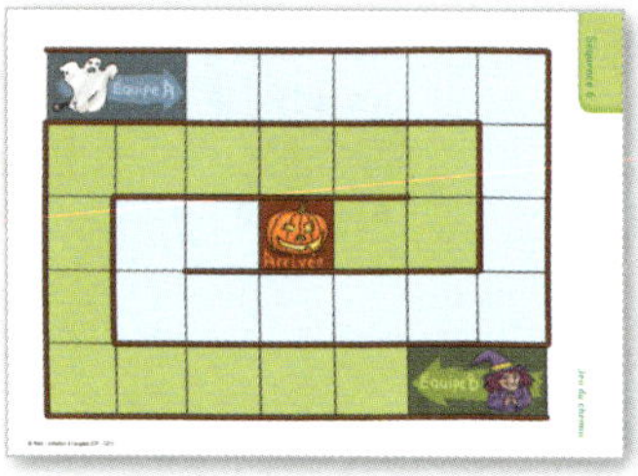

La classe est partagée en deux équipes A et B.
Il s'agit de nommer en anglais les images, afin de faire avancer son pion sur le support (le chemin de 30 cases). À chaque bonne réponse d'un joueur, son équipe avance d'une case. Un enfant par équipe est chargé de faire avancer le pion.
Les enfants jouent chacun à leur tour : un enfant de l'équipe A (par exemple l'équipe des fantômes) donne le nom de la première image désignée par l'enseignant.
Si l'enfant dit le bon mot, son équipe marque un point en avançant son pion.
Puis un enfant de l'équipe B (par exemple l'équipe des sorcières) donne le nom de la deuxième image, et ainsi de suite avec les autres joueurs jusqu'à la quatrième.
• Ensuite, la première image est enlevée, il ne reste que le numéro.
L'enfant de l'équipe A dont c'est le tour de jouer doit se rappeler le mot en anglais, sans l'aide de l'image. L'enfant de l'équipe B nomme ensuite la deuxième carte à l'aide de l'image, et ainsi de suite jusqu'à la quatrième carte.
• Ensuite, la deuxième image est enlevée. L'enfant de l'équipe A donne le nom de la première carte sans l'image, puis l'enfant de l'équipe B retrouve le nom de la deuxième carte sans l'image, etc. Le jeu continue jusqu'au moment où il ne reste plus d'images.
Si un enfant ne connaît pas ou ne donne pas la bonne réponse, l'équipe passe son tour et le pion n'avance pas. La première équipe qui arrive au milieu du chemin, ici matérialisé par une citrouille, a gagné.
• Les enfants chantent *I like to eat apples and bananas.*

Quatrième séance

Objectifs : – Réinvestir des mots connus dans une phrase.
– Écouter un nouveau chant : *Ten little witches*.

Matériel : – *Hello! Goodbye!* et *Ten little witches*.
Chansons et comptines – Plages 3 et 8
– Les images précédentes.

Organisation : – Groupes de 10.

• Chant d'entrée : *Hello! Goodbye!*
• L'enseignant propose une activité (si les enfants n'ont pas assimilé les mots proposés pour la fête d'Halloween, reprendre le jeu de la troisième séance : ***Touch and Say***).
L'enseignant montre une image à un enfant et pose la question : « *What is it?* », en insistant bien sur le mode interrogatoire et en indiquant du doigt l'image, afin que l'enfant puisse deviner le sens de la question. L'enfant interrogé doit donner en anglais le nom du personnage, par exemple « *ghost* ». L'enseignant dit : « *Yes, it's a ghost.* » L'enseignant invite l'enfant à répéter : « *It's a ghost.* »
Puis il interroge d'autres enfants avec d'autres images, en insistant bien sur la réponse complète : « *It's a…* »
Un élève devient le meneur de jeu : il montre une image à un autre élève et pose la question ; l'élève interrogé doit donner la bonne réponse, et ainsi de suite.
• L'enseignant invite les enfants à répondre à une autre question en montrant une image : « *Is this a pumpkin?* » L'enseignant interroge un enfant en montrant l'image. L'enfant peut répondre par « *Yes* » ou par « *No* » selon que l'image représente bien ou non l'objet ou le personnage nommé. L'enseignant ajoute la réponse complète : « *Yes, it's…* » ou « *No, it isn't.* » Puis l'enseignant demande à l'enfant de répéter cette réponse.
Un enfant devient à nouveau le meneur de jeu.
• La séance se termine par l'écoute de *Ten little witches*.

Cinquième séance

Objectifs : – Réinvestir la forme interrogative.
– Chercher des indices dans l'oral.

Matériel : – *Ten little witches*.
Chansons et comptines – Plage 8
– Les 4 images (format flashcard) précédentes.
Matériel – Séquence 6 (Flashcards)

Organisation : – Toute la classe, puis en atelier.

• Les enfants écoutent *Ten little witches*.

• L'enseignant montre la flashcard de la sorcière pour indiquer qu'il s'agit d'une histoire de sorcière. Les enfants réécoutent la chanson et s'expriment en français sur ce qu'ils ont compris. L'enseignant raconte le sens de la chanson.
• L'enseignant invite les enfants à se poser entre eux les questions de la quatrième séance. Un enfant, meneur de jeu, montre une image et interroge les enfants chacun à leur tour, en posant la question : « *What is it?* » ou en disant « *It's a witch.* »
• Puis l'enseignant propose un nouveau jeu. Il donne à tous les enfants les flashcards. Un enfant meneur de jeu nomme une image, les autres enfants doivent lever la flashcard correspondant au mot cité.
• En atelier, cinq enfants sont assis autour d'une table. Les quatre flashcards sont au milieu de la table. Chaque enfant, à tour de rôle, prend une image et pose à son voisin la question : « *What is it?* »
Ce dernier doit utiliser l'expression « *It's a…* ».
• Chant : *Ten little witches.*

Sixième séance

Objectifs :
- Répondre à des consignes.
- Acquérir du vocabulaire : *moon, brush, big pot.*
- Réinvestir des mots connus.

Matériel :
- *Ten little witches.*

➤ Chansons et comptines – Plage 8

- Les 4 images précédentes et les 3 images (format A4 et format flashcard) suivantes : *moon, brush, big pot.*

➤ Matériel – Séquence 6 (Affichage et flashcards)

Organisation :
- Groupe-classe.

• Chant d'entrée : *Ten little witches.*
• L'enseignant installe au tableau les quatre images déjà utilisées et les trois nouvelles images. L'enseignant les nomme en anglais, en répétant plusieurs fois le nom des trois nouvelles images.
• Il propose ensuite le **jeu de *Touch and Say*** avec les sept flashcards.
• L'enseignant introduit un nouveau jeu : ***Simon says*** (Jacques a dit). Il l'explique d'abord en français, puis en anglais. L'enseignant dit : « *Simon says : stand up.* » en mimant le mouvement, puis « *Sit down.* », « *Turn around.* », « *Clap your hands.* » Ces mêmes consignes sont répétées plusieurs fois de suite.
• Un chant, au choix, termine la séance.

Septième séance

Objectif : – Réinvestir des mots connus.

Matériel : – *Ten little witches.*

▶ Chansons et comptines – Plage 8

– Les 7 flashcards précédentes.

– Plateau du jeu de l'oie.

▶ Matériel – Séquence 6 (Jeu de l'oie)

– Un dé (à fabriquer) avec les chiffres 1, 2, 3.

Organisation : – Toute la classe, puis en atelier de cinq enfants.

• Chant d'entrée : *Ten little witches.*

• Le groupe-classe reprend le **jeu de *Simon says***.

• L'enseignant fait un rappel des trois dernières images. Les enfants les nomment. Puis le **jeu de *Touch and Say*** est repris avec les sept images.

• En atelier, les enfants vont découvrir un nouveau jeu : le **jeu de l'oie**. L'enseignant explique la règle.

L'enseignant est au début le meneur de jeu, ensuite un enfant le remplacera.

Les enfants lancent le dé chacun à leur tour. Ils avancent du nombre de cases correspondant au dé. Chaque fois qu'un enfant tombe sur une image, le meneur de jeu pose la question : « *What is it?* », l'enfant doit répondre : « *It's a...* »

S'il répond correctement, il gagne un jeton, sinon il recule d'une case.

Il y aura deux gagnants : celui qui arrive le premier sur la case d'arrivée et celui qui a gagné le plus de jetons.

• Un chant au choix termine la séance.

Huitième séance

Objectif : – Réinvestir des acquis.

Matériel : – Le jeu du chemin (*cf.* troisième séance, p. 49) pour lequel sont ajoutées les trois nouvelles images (format A4).

– *Hello! Goodbye!* et *Ten little witches.*

▶ Chansons et comptines – Plages 3 et 8

Organisation : – Groupe-classe.

• Chant d'entrée : *Hello! Goodbye!*
• L'enseignant affiche au tableau ou projette les trois dernières images (la lune, le balai, le chaudron), les enfants les nomment. Puis les autres images sont introduites, les enfants les nomment également.
Deux équipes A et B sont formées. Les enfants jouent au **jeu du chemin** (*cf.* la troisième séance, p. 50), mais avec les 7 images.
• Le jeu terminé, les enfants chantent *Ten little witches* sans l'accompagnement du CD.

Neuvième séance

Objectif : – Comprendre une histoire dans une autre langue.

Matériel : – *How are you?* et *A scary story*.
Chansons et comptines – Plages 4 et 9
– Les images précédentes (format flashcard), 7 par enfant : *a ghost, a cat, a pumpkin, a witch, a moon, a brush, a big pot.*
– L'illustration de *A scary story*, (format A4).
Matériel – Séquence 6 (*A scary story*)

Organisation : – Groupe-classe.

• Chant d'entrée : *How are you* ?
• L'enseignant distribue les sept flashcards à chaque enfant et les nomme plusieurs fois.
• Puis l'enseignant dit aux enfants : « *Listen...* » et « *Be quiet!* » en mimant ces deux expressions. Il fait ensuite écouter l'enregistrement ou lit l'histoire (*cf.* p. 109) en plaçant au fur et à mesure du récit, les différentes flashcards (à l'aide de pâte adhésive) à côté de l'image affichée au tableau. Cette image illustre le texte en quatre vignettes. L'enseignant mime, au maximum, le récit.
L'histoire est racontée de la même manière deux à trois fois ou écoutée sur le CD.

Dixième séance

Objectif : – Réinvestir des acquis.

Matériel : – L'illustration de *A scary story*.
– Les 7 images précédentes (format A4).
– Deux flashcards par enfant : un cœur barré et un cœur non barré (voir séquence 5).

– *Ten little witches* et *A scary story*.
Chansons et comptines – Plages 8 et 9

Organisation : – Groupe-classe, puis en atelier.

• Écoute de l'histoire *A scary story*. L'enseignant montre en même temps l'illustration et les images illustrant le vocabulaire.
• Toutes les images de l'histoire sont affichées au tableau.
L'enseignant explique aux enfants qu'il y a des personnages ou des objets qu'ils aiment et d'autres qu'ils n'aiment pas, en faisant un bref rappel de la séance sur les aliments pour réutiliser les expressions « *Do you like...? Yes I like...* ».
Quand il posera la question, toujours en mimant, à un enfant : « *Do you like the witch?* », ce dernier devra répondre : « *Yes, I do.* » ou « *No, I don't.* » Dans le premier cas, il montre l'image du cœur non barré et dans le second cas, celle du cœur barré.
• Dans un deuxième temps, l'enfant devra fournir une réponse plus complète : « *Yes, I like the witch.* » ou « *No, I don't like the ghost.* »
• Puis l'enseignant rappelle à l'ensemble de la classe, en français, les différents jeux sur Halloween utilisés précédemment : ***Touch and Say*****, le jeu du dé, le jeu du chemin, le jeu de l'oie, le jeu des questions,** ***Simon says*****, le jeu des cœurs**.
• En atelier de 6 ou 7, les enfants choisissent l'un des jeux et s'organisent, à l'aide de l'enseignant si besoin est, pour jouer seuls.
• À la fin de la séance, on chante *Ten little witches*.

Onzième séance (pour les CE1)

Objectif : – Réinvestir de courtes phrases « *It's ...* » et les mots précédemment rencontrés (notamment *ghost* et *witch*).

Matériel : – Les images avec mots écrits.
➤ Matériel – Séquence 6 (Flashcards CE1)
– Une feuille A4 par élève (ou le cahier destiné à conserver la trace écrite en anglais).

Organisation : – Groupe-classe.

• Deux flashcards sont affichées au tableau : par exemple, *ghost* et *witch*. L'enseignant incite les élèves à se rappeler les mots et expressions. Il les lit et les fait redire aux élèves en montrant chaque mot.
• Puis il écrit au tableau « *What is it?* » et le lit. Il montre ensuite une flashcard (par ex. « *ghost* » et demande à la classe de formuler la réponse oralement. La réponse est écrite au tableau par l'enseignant : « *It's a ghost.* »
• Dans un deuxième temps, avec d'autres flashcards, il pose la même question et demande aux élèves de répondre par écrit en s'aidant des affichages.

Christmas

Nombre de séances : 9

Vocabulaire et expressions : *What is it? It's... – tinsel – a bauble – a candle – a Christmas tree – a present – Santa Claus – a book – Yes, it's... – No, it isn't... – Where is...? – It's on... – the table – a chair – a box.*

Première séance

Objectif : – Acquérir du vocabulaire sur le thème de Noël.

Matériel :
- La marionnette.
- Des décorations de Noël : guirlandes (*tinsel*), boules de Noël (*baubles*), bougies (*candles*) et un sapin (*a Christmas tree*).
- *Brother John* ou *Hello! Goodbye!*

➤ Chansons et comptines – Plages 2 et 3

Organisation : – Demi-groupe.

• Les enfants sont placés en demi-cercle autour d'une table, l'arbre de Noël est dressé à proximité.
• La marionnette apparaît et dit à l'enseignant : « *What is this?* », en exagérant le ton interrogatif et en montrant le sapin. L'enseignant répond : « *It's a Christmas tree. A Christmas tree.* »
• La marionnette interroge l'enseignant sur chaque objet et l'enseignant lui répond.
• Puis l'enseignant montre un objet et le nomme. Un enfant désigné vient toucher l'objet et le nomme, et ainsi de suite pour chaque enfant.
• À la fin, les enfants écoutent : *Brother John* ou *Hello! Goodbye!*

Deuxième séance

Objectifs :
- Connaître de nouvelles expressions.
- Réinvestir du vocabulaire.
- Apprendre un nouveau chant : *We wish you a Merry Christmas.*

Matériel :
- La marionnette.
- *Ten little Indians* et *We wish you a Merry Christmas.*

➤ Chansons et comptines – Plages 6 et 10

- Des décorations de Noël : guirlandes, boules, bougies et un sapin.

– Les quatre images (format A4) suivantes : *tinsel, bauble, candle, chrismas tree.*

➤ Matériel – Séquence 7 (Affichage)

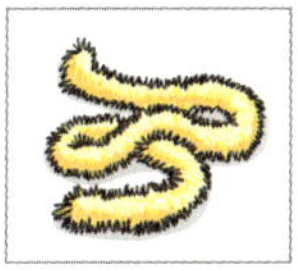

Organisation : – Demi-classe.

• Chant d'entrée : *Ten little Indians.*
• Les images sont affichées.
La marionnette invite chaque enfant à venir garnir le sapin avec un objet qu'elle nomme et dont elle montre l'image. L'enfant comprend de quel objet il s'agit puisque la marionnette lui montre, il doit le nommer en le posant sur l'arbre. Quand cela est nécessaire, l'enseignant corrige la prononciation.
• Les enfants sont invités à venir montrer un objet et à poser la question à un autre enfant : « *What is it?* » L'enfant interrogé doit répondre : « *It's a…* »
• Chant : les enfants écoutent *We wish you a Merry Christmas.* L'enseignant leur demande ce qu'ils ont reconnu et les aide dans leur compréhension. Puis ils essaient de chanter en accompagnant le CD.

Troisième séance

Objectif : – Réinvestir des acquis.

Matériel : – La marionnette.
– Les quatre images précédentes (format flashcard) par enfant.

➤ Matériel – Séquence 7 (Flashcards)

– Le sapin avec les objets de décoration.
– *Brother John, Hello! Goodbye!* et *We wish you a Merry Christmas.*

➤ Chansons et comptines – Plages 2, 3 et 10

Organisation : – Demi-groupe.

• Chant d'entrée : *Brother John.*
• **Jeu de *Touch and Say*** : l'enseignant nomme un objet, l'enfant désigne l'image et répète le nom de l'objet.
• Chaque enfant a quatre flashcards. L'enseignant nomme un objet, les enfants doivent montrer la carte correspondant à l'objet.
• Puis la marionnette s'adresse à l'enseignant en lui posant la question : « *Is it a…?* » En même temps, elle montre soit la carte correspondante, soit une autre carte. L'enseignant répond : « *Yes, it's a…* » ou « *No, it isn't a…* »
• La marionnette interroge chaque enfant, l'enseignant aide les enfants dans les réponses.
• Écoute de la chanson *We wish you a Merry Christmas.* Nouvel essai d'accompagnement.
• Ensuite, les enfants chantent *Hello! Goodbye!*

Quatrième séance

Objectifs :
- Apprendre un nouveau jeu.
- Écouter un nouveau chant.

Matériel :
- *We wish you a Merry Christmas* et *Jingle bells*.

> Chansons et comptines – Plages 10 et 11

- Les quatre images précédentes (format flashcard et format A4).
- Des jetons.
- Un dé à fabriquer avec les quatre objets illustrés (deux objets ont été placés deux fois pour combler les 6 faces du dé) pour chaque demi-groupe.

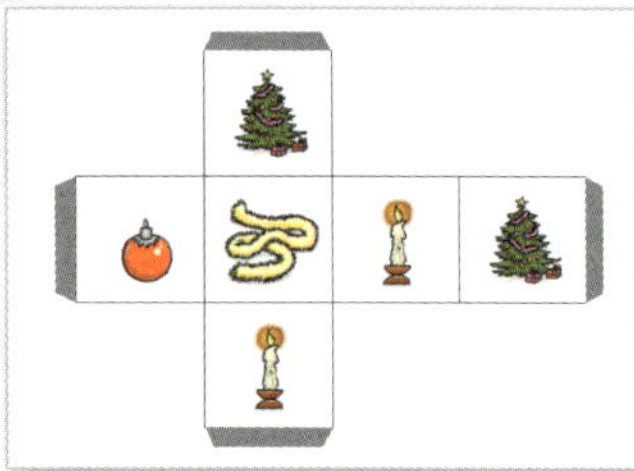

> Matériel – Séquence 7 (Patrons de dés)

Organisation :
- Demi-groupe.

• Chant d'entrée : *We wish you a Merry Christmas*.
• L'enseignant interroge les élèves : « *What is it?* » en montrant les images affichées au tableau.
• Puis les enfants sont par deux et chacun a les quatre flashcards en main. La consigne leur est donnée de poser la question « *What is it?* » en montrant une carte à leur binôme ; celui-ci doit répondre : « *It's a…* ». Puis le questionneur devient le répondeur.
• **Jeu de dé** : les enfants sont par quatre avec un meneur, qui garde la banque des jetons et les distribue. Le premier joueur lance le dé et doit nommer l'objet représenté. S'il dit le mot juste, le meneur lui donne un jeton, sinon il passe son tour. Le gagnant est celui qui a gagné le plus de jetons.
• La séance se termine par l'écoute du chant *Jingle bells*.

Cinquième séance

Objectifs :
- Acquérir du vocabulaire : *present, Santa Claus, book*.
- Réinvestir du vocabulaire et des expressions connus.
- Apprendre un nouveau chant.

Matériel :
- La marionnette.
- *Hello! Goodbye!*, *We wish you a Merry Christmas* et *Jingle bells*.

> Chansons et comptines – Plages 3, 10 et 11

- Les trois nouvelles images (format A4) suivantes : *present, Santa Claus, book*.

> Matériel – Séquence 7 (Affichage)

– Un dé à fabriquer avec les six objets illustrés.

Matériel – Séquence 7 (Patrons de dés)

Organisation : – Demi-groupe.

• Chant d'entrée : *Hello! Goodbye!*
• La marionnette présente les nouvelles images en les nommant. Puis elle pose la question à l'enseignant : « *What is it?* » Ce dernier donne les réponses. Elle fait de même avec les autres images.
• La marionnette nomme toutes les images en faisant le **jeu de *Touch and Say***.
• Puis la marionnette interroge chaque enfant : « *What is it?* » ; les élèves doivent répondre par : « *It's...* »
• L'enseignant propose ensuite le **jeu de dé** (*cf.* la règle du jeu, p. 47).
• Les enfants écoutent la chanson *Jingle bells* et essaient de l'accompagner.
• Chant : *We wish you a Merry Christmas.*

Sixième séance

Objectif : – Connaître de nouvelles expressions : *Where is...? It's on the table.*

Matériel : – La marionnette.
– Les 7 images précédentes (format A4).
– Les objets de décoration (a *tinsel, a bauble, a candle, a present, Santa Claus, a book*) dispersés sur une table.
– *We wish you a Merry Christmas* et *Jingle bells.*

Chansons et comptines – Plages 10 et 11

Organisation : – Demi-groupe.

• Chant d'entrée : *We wish you a Merry Christmas.*
• Rappel du questionnement : « *What is it?* » à partir des images affichées au tableau.
• Puis la marionnette demande à l'enseignant : « *Where's the candle?* » Ce dernier répond : « *It's on the table* », en montrant la table. Puis le même scénario est entrepris avec les autres objets. Il s'agit de bien insister sur le terme « *on* ».
• Puis, l'enseignant interroge chaque élève qui, souvent, commence sa réponse par « *on...* » et hésite sur la suite de la phrase. L'enseignant l'aide et, par répétition, les enfants arrivent à acquérir le vocabulaire manquant.
• Écoute et/ou accompagnement par la voix du chant *Jingle bells.*

Septième séance

Objectifs : – Réinvestir des acquis.
– Acquérir du vocabulaire : *a chair, a box*.

Matériel : – La marionnette.
– Les objets connus et 2 nouveaux : une chaise, une boîte.
– *We wish you a Merry Christmas* et *Jingle bells*.
Chansons et comptines – Plages 10 et 11

Organisation : – Demi-groupe.

• Chant d'entrée : *We wish you a Merry Christmas*.
• Les objets de décoration sont dispersés, posés indifféremment sur une table, une chaise, une boîte ou sur le sapin de Noël. La marionnette demande par exemple à l'enseignant : « *Where is Santa Claus?* » L'enseignant répond : « *On the chair.* », en indiquant avec insistance la chaise lorsqu'elle prononce le mot. Puis l'enseignant questionne la marionnette sur la place d'un autre objet et ainsi de suite pour tous les objets et leur place : « *It's on the table, on the box, on the Christmas tree…* »
• La marionnette questionne ensuite chaque enfant qui répond soit seul, soit avec l'aide de l'enseignant.
• L'enseignant demande à cinq élèves de venir chacun changer de place un des cinq objets (la guirlande, la boule, la bougie, le cadeau, le Père Noël) en les posant sur l'un des cinq endroits (le sapin, la table, la chaise, la boîte, le livre).
• Chaque enfant interroge un autre enfant, puis les rôles sont inversés.
• Écoute et accompagnement par la voix de *We wish you a merry Christmas* et de *Jingle bells*.

Huitième séance

Objectifs : – Réinvestir des acquis.
– Jouer en équipe.

Matériel : – Les cinq objets (un cadeau, une boule de Noël, une bougie, un Père Noël, une guirlande) placés indifféremment sur la table, sur le sapin, sur un livre, sur une chaise, sur une boîte.
– *We wish you a Merry Christmas* et *Jingle bells*.
Chansons et comptines – Plages 10 et 11
– Des jetons.

Organisation : – Groupe-classe.

• Chant d'entrée : *Jingle bells*.
• **Jeu** : la classe est divisée en deux équipes A et B.
L'enseignant pose une question à un premier équipier de l'équipe A : « *Where is…?* » en désignant l'objet.

Si l'équipier A donne la réponse juste, son équipe remporte un jeton.
Puis il pose une question à un équipier de B et ainsi de suite…
L'équipe qui a le plus de jetons a gagné.
• Ce jeu peut être repris avec les enfants de chaque équipe, qui s'interrogent mutuellement les uns après les autres.
• La séance se termine par l'écoute et/ou le chant de *Jingle bells* et de *We wish you a Merry Christmas*.

Neuvième séance (pour les CE1)

Objectif : – Lire et écrire certains mots rencontrés
– Écrire une phrase (formule de Noël en lien avec la tradition anglaise).

Matériel : – Flashcards avec mots écrits.
➤ Matériel – Séquence 7 (Flashcards CE1)
– Du matériel pour dessiner
– un quart de feuille A4 bristol.

Organisation : – Groupe-classe.

• Dans un premier temps, on peut réinvestir à l'écrit certains des mots rencontrés précédemment. Les mots sont affichés, lus par l'enseignant puis relus par les élèves (en sélectionner trois ou quatre seulement).
• Chaque enfant est invité à composer une carte de Noël et à y ajouter la phrase « *I wish you a Merry Christmas* ») que l'enseignant aura préalablement écrite au tableau, et dont le sens aura été rappelé.

Prolongement

On peut, au cours de cette séquence, utiliser les photos du CD en invoquant certaines traditions propres à cette période aux États-Unis et en Grande-Bretagne (voir p. 13).
➤ Photos

The body

Nombre de séances : 10

Vocabulaire et expressions : *my – the head – the eyes – the nose – the mouth – the hair – the hand – the knees – the arms – the legs – I've got…*

Première séance

Objectif : – Acquérir du vocabulaire sur le corps : *head, eyes, nose, mouth, hair.*

Matériel : – *How are you?* et *I like to eat…* ➤ Chansons et comptines – Plages 4 et 7
– Un visage à dessiner sur une feuille A4.

Organisation : – Groupe-classe.

• Chant d'entrée : *How are you?*
• L'enseignant explique que la marionnette ne viendra pas car elle est malade : pour que les enfants ne l'oublient pas, elle a fait un dessin qu'elle a envoyé à la classe.
• Les élèves découvrent le dessin d'un visage. L'enseignant dit, en le montrant : « *The head.* »
• Puis l'enseignant montre l'ensemble de sa propre tête et dit : « *It's my head… my head.* », en renouvelant le geste pour la répétition du mot.
• Il fait de même en montrant les yeux sur l'image : « *The eyes.* », puis sur lui-même « *My eyes.* », et ainsi de suite pour le nez, la bouche, les cheveux.
• L'enseignant répète avec la gestuelle : « *My head.* » et invite un élève à faire de même. Et ainsi de suite avec les autres enfants et les parties du visage citées.
• Chacun vient dire le mot qu'il a retenu et montre la partie du visage correspondante sur l'image.
• Chant : *I like to eat apples and bananas.*

Deuxième séance

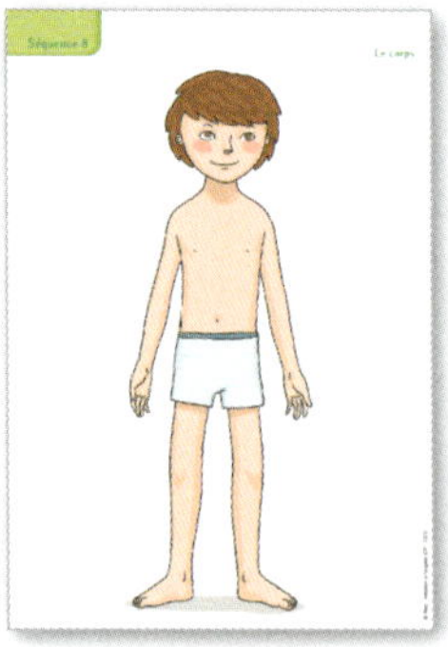

Objectifs : – Acquérir du vocabulaire : *hands, knees.*
– S'imprégner des paroles d'un chant nouveau.

Matériel : – La reproduction du dessin d'un corps (format A4).
➤ Matériel – Séquence 8 (Le corps)
– *Hello! Goodbye!* et *Head and shoulders…*
➤ Chansons et comptines – Plages 3 et 12

Organisation : – Atelier de 10.

• Chant d'entrée : *Hello! Goodbye!*
• L'enseignant présente le nouveau dessin et procède comme à la séance précédente, en ajoutant les deux nouveaux mots : *the hands, the knees.*

• **Jeu de *Listen and Touch*** à l'aide du dessin.
• Écoute du nouveau chant : *Head and shoulders…* L'enseignant fait la gestuelle pour accompagner le vocabulaire sur le corps, les enfants imitent.
Nouvelle écoute : les enfants reprennent la gestuelle avec l'enseignant.

Troisième séance

Objectifs :	– Acquérir du vocabulaire : *arms, legs*. – Interpréter un nouveau chant.
Matériel :	– Le même dessin que celui de la séance précédente. – *Head and shoulders…* ➤ Chansons et comptines – Plage 12
Organisation :	– Groupe-classe.

• Chant d'entrée *: Head and shoulders…* Les enfants écoutent en faisant la gestuelle avec l'enseignant, puis essaient d'accompagner le CD par la voix.
• L'enseignant présente de nouveau le dessin envoyé par la marionnette et procède comme précédemment, en ajoutant les deux nouveaux mots : *the arms, the legs*.
• **Jeu de *Touch and Say*** à partir du dessin.
• **Jeu de *Simon says***.
À l'issue de cette séance, l'enseignant, selon l'intérêt général de la classe, peut proposer d'autres mots relatifs au corps (*fingers, toes, ears…*).

Quatrième séance

Objectifs :	– Mémoriser et reproduire le vocabulaire des différentes parties du corps. – S'imprégner des paroles d'un chant nouveau : *If you're happy…*
Matériel :	– La marionnette. – Des morceaux de sparadrap prédécoupés. – *Head and shoulders* et *If you're happy…* ➤ Chansons et comptines – Plages 12 et 13
Organisation :	– Groupe-classe.

• Chant d'entrée : *Head and shoulders.*
• La marionnette revient avec un sparadrap sur le nez par exemple. Elle explique aux enfants qu'elle a été malade et que ce matin, elle s'est cognée contre le coin de la table. L'enseignant mime les paroles de la marionnette.
• Puis l'enseignant propose à la classe de jouer au « malade » avec des morceaux de sparadrap. L'enseignant nomme une partie du corps en anglais, et désigne un enfant afin qu'il se colle le sparadrap sur cette partie du corps. L'enseignant invite l'enfant à répéter le mot. Si l'enfant a des difficultés de mémorisation, l'enseignant lui redit le mot en montrant la partie du corps citée.
• L'enseignant interroge chaque élève : « *What is it?* », en montrant une partie du corps. Chaque enfant répond : « *It's the nose, the mouth…* »
• Écoute d'un nouveau chant : *If you're happy…*

Cinquième séance

Objectifs :
- Enrichir son vocabulaire : nom et adjectif (*long arms, big tummy, small head, short legs*).
- Interpréter un nouveau chant.

Matériel :
- *Head and shoulders* et *If you're happy…*

  ➤ Chansons et comptines – Plages 12 et 13
- Les images (format A4 et format flashcard) suivantes : *long arms, big tummy, small head, short legs*.

  ➤ Matériel – Séquence 8 (Affichage et flashcards)

Organisation :
- Atelier de 10.

• Chant d'entrée : *Head and shoulders* (chant et mime).
• La marionnette montre les images à la classe, en nommant les caractéristiques de chaque personnage. L'enseignant répète à chaque fois ce qu'elle dit.
• Puis l'enseignant distribue à chaque enfant une flashcard. Il nomme la caractéristique d'un personnage. Celui qui le possède doit le montrer en répétant s'il le peut. Si l'enfant ne comprend pas, l'enseignant demande aux autres enfants de montrer l'image qui lui correspond.
• La séance se termine par l'écoute de la chanson : *If you're happy…*

Sixième séance

Objectifs :
- Réinvestir des acquis.
- S'investir dans un jeu d'équipe.

Matériel :
- *How are you?* et *If you're happy…*

  ➤ Chansons et comptines – Plages 4 et 13

Matériel :
- 5 flashcards pour chacun des personnages précédents, soit 20 flashcards.
- Des pions.
- Une planche de jeu, format A3, sur laquelle sont dessinés deux serpents, l'un indiqué A et l'autre B. Chaque serpent est découpé en 10, 15 ou 20 cases, selon le nombre d'élèves par équipe.

  ➤ Matériel – Séquence 8 (Jeu du serpent)

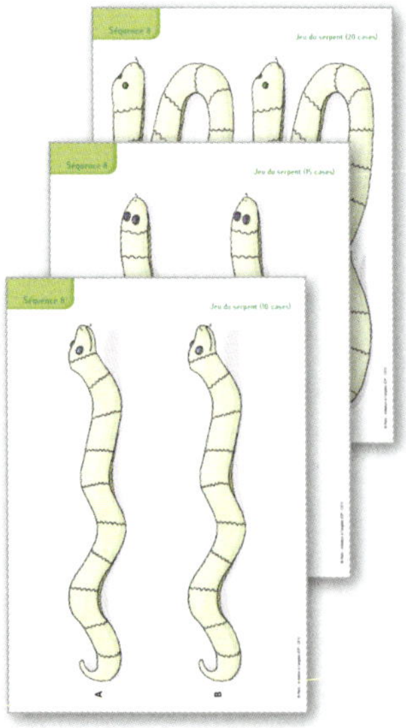

Organisation :
- Groupe-classe, puis deux équipes.

• Chant d'entrée : *How are you?*
• L'enseignant pose la question à quelques enfants : « *How are you ?* » Les enfants répondent : « *I'm sad.* », « *I'm so, so.* », « *I'm fine.* »
• **Jeu du serpent** : l'enseignant présente le jeu aux enfants. La classe est divisée en deux équipes A et B. Chaque équipe a une planche de jeu. Il s'agit pour chaque joueur de tirer, chacun à son tour, et en alternant A et B, une flashcard du tas posé sur une table. Le joueur doit donner les caractéristiques du personnage représenté sur sa carte : *long arms, big tummy, small head, short legs.*

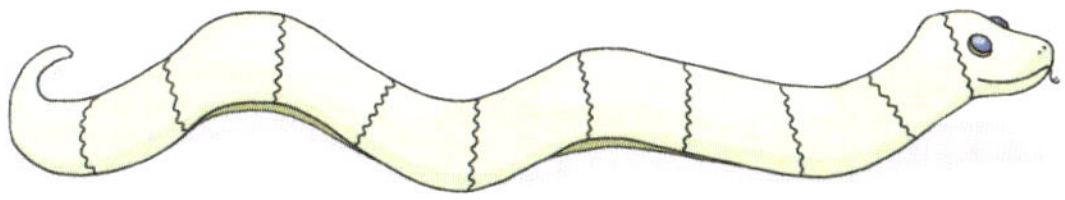

Si sa réponse est juste, il pose un pion sur une case du serpent de son équipe, sinon il passe son tour et un joueur de l'autre équipe tire une carte. L'équipe gagnante est celle qui remplit la première toutes les cases de son serpent.
• Chant : *If you're happy…* Chanter et mimer avec l'enseignant.

Septième séance

Objectifs :
- Utiliser de nouvelles structures de phrase : *What have you got? I've got…*
- Répondre par un dessin à une indication.
- Réinvestir du vocabulaire.

Matériel :
- La marionnette.
- *If you're happy…*
  ➤ Chansons et comptines – Plage 13
- Des feuilles blanches, des crayons-feutres ou crayons à papier ou de couleur…
- Les flashcards des 4 personnages.

Organisation :
- Groupe de 10, puis par deux.

• Chant d'entrée : *If you're happy…* Chanter et mimer avec l'enseignant.
• **Jeu du bonhomme (1)** : l'enseignant explique le jeu en commençant à jouer avec la marionnette comme partenaire. La marionnette tire une carte parmi les quatre flashcards. L'enseignant pose la question : « *What have you got?* » en indiquant la flashcard du doigt. (La gestuelle permet aux enfants de comprendre la question.) La marionnette montre à la classe la flashcard, en répondant par exemple : « *I've got short legs…* » L'enseignant dessine au tableau l'élément correspondant. Le scénario se poursuit avec les trois autres cartes. À la fin de la partie, un bonhomme doit être dessiné.
• Par groupes de deux, un enfant tire une flashcard. L'enseignant pose la question. L'enfant répond, montre la carte à l'autre qui valide la réponse, puis il place la carte en dessous du tas. Si sa réponse est juste, il dessine la partie du corps nommée. Le but du jeu est de dessiner le bonhomme en entier.
• Chant : *If you're happy…* Chanter et mimer avec l'enseignant.

Huitième séance

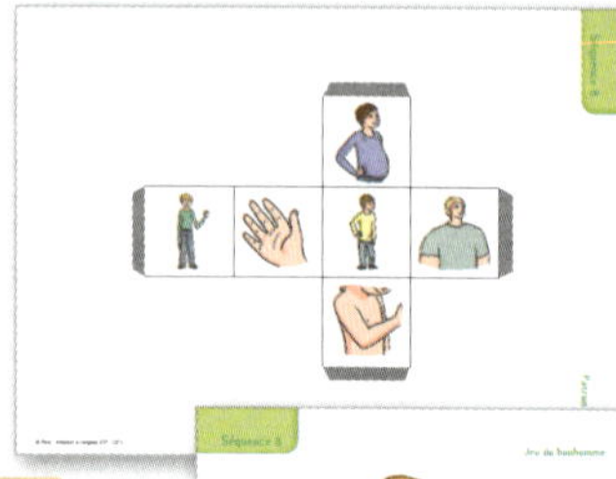

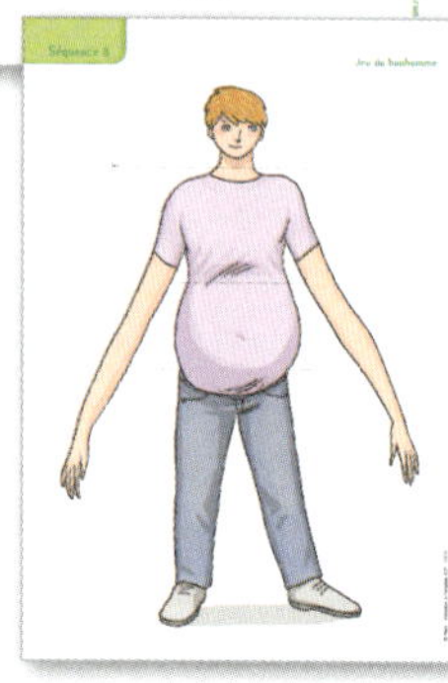

Objectifs :
- Utiliser la structure de phrase : *I've got...*
- Répondre oralement à une indication imagée.
- Réinvestir du vocabulaire.

Matériel :
- *Head and shoulders* et *Do your ears...*
  > Chansons et comptines – Plages 12 et 14
- Deux dés sur les parties du corps.
  > Matériel – Séquence 8 (Patron de dé)
- Des éléments du corps découpés par l'enseignant, et représentant : *long arms, big tummy, little head, short legs...* (10 de chaque).
  > Matériel – Séquence 8 (Jeu du bonhomme)
- Une planche vierge par enfant.

Organisation :
- Groupe de 10.

• Chant d'entrée : *Head and shoulders...*
• **Jeu du bonhomme (2)** : faire deux équipes de cinq.
Chaque équipe a un dé. Chaque enfant a une planche vierge et les éléments mobiles représentant les « parties du corps ».
Chacun à leur tour, les enfants lancent le dé et doivent énoncer correctement ce que représente le dé : par exemple, « *I've got long arms.* » Si sa réponse est juste, l'élève pose l'élément mobile correspondant sur sa planche. Le premier qui a reconstitué son bonhomme a gagné.
• On terminera la séance par le chant : *Do your ears hang low?*

Neuvième séance

Objectif :
- Réviser tout le vocabulaire sur le corps.

Matériel :
- Tout le matériel utilisé dans les séances précédentes.
- *Head and shoulders* et *Do your ears...*
  > Chansons et comptines – Plages 12 et 14

Organisation :
- Toute la classe en atelier.

• Chant d'entrée : *Head and shoulders.*
En atelier, les élèves choisiront un jeu : il est intéressant d'avoir un enfant meneur de jeu par atelier ; le meneur change au cours de la séance.
– ***Simon says***
– ***Touch and Say***
– **Le jeu du serpent**
– **Le jeu du bonhomme (1)**
– **Le jeu du bonhomme (2)**

On révisera, à partir des jeux, le vocabulaire abordé depuis le début de la séquence : *head*, *eyes*, *nose*, *mouth*, etc.
• La séance se termine par le chant *Do your ears hang low?*

Dixième séance (pour les CE1)

Objectif : – Lire et écrire les mots : *head, hair, hand, leg, arm, eye*.

Matériel : – Les six flashcards et éventuellement le dessin du corps.
Matériel – Séquence 8 (Flashcards CE1)
– Une feuille A4 par élève (ou le cahier destiné à conserver la trace écrite en anglais).

Organisation : – Groupe-classe.

• Les flashcards sont affichées au tableau ; l'enseignant lit en pointant les mots au fur et à mesure, les enfants relisent.
• Une deuxième activité collective peut être proposée qui consiste à associer chaque mot à la flashcard qui lui correspond.
• Puis inviter les élèves à dessiner sur une feuille un bonhomme (ou fournir une photocopie du dessin proposé dans le CD : voir séance 2). Leur demander de choisir trois parties du corps et d'écrire le nom de ces parties.
• Faire relier, ensuite, ces mots avec des flèches aux parties du corps correspondantes.

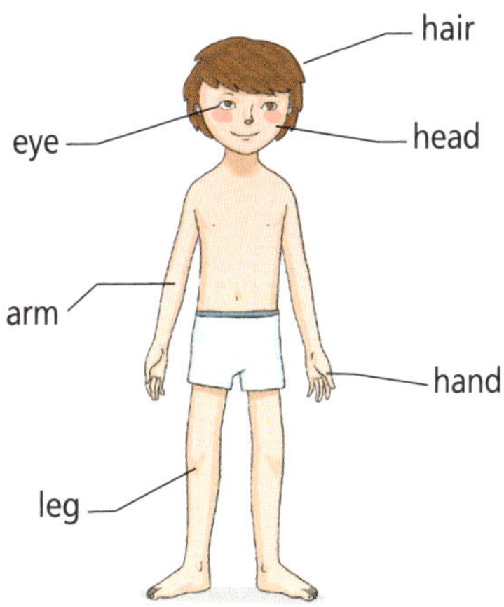

Clothes and colours

Nombre de séances : 10

Vocabulaire et expressions : *a dress – socks – shoes – trousers – Are you wearing a…? – I'm wearing a… – a tee-shirt – a jumper – a skirt – a coat – a cardigan – blue – red – yellow – green – pink – orange – purple – black – white – my favourite colour – Who is it? It is…*

Première séance

Objectif : – Acquérir du vocabulaire sur le thème des vêtements et des couleurs.

Matériel : – *Head and shoulders* et *If you're happy…*

➤ Chansons et comptines – Plages 12 et 13

– La marionnette et une poupée.

– Les images suivantes (format A4) : *dress, socks, shoes, trousers.*

➤ Matériel – Séquence 9 (Affichage)

Organisation : – Groupe-classe.

• Chant d'entrée : *Head and shoulders.*

• La marionnette présente à la classe une poupée qui porte une robe, des chaussettes et des chaussures.

• Un dialogue s'instaure entre la marionnette et la poupée : « *Oh! Your dress! Oh! Your shoes! Oh! Your socks!* »
À chaque exclamation, la marionnette montre les vêtements sur la poupée. Puis la marionnette poursuit : « *Look, I'm not wearing socks and shoes.* », en indiquant du doigt ses vêtements et la négation.
La poupée répète, insistant sur la gestuelle : « *Yes, I'm wearing a dress. Yes, I'm wearing socks. Yes, I'm wearing shoes.* »

• L'enseignant montre les quatre images en répétant les mots et invite les enfants à faire de même.

• Les enfants jouent à ***Touch and Say*** avec la poupée, les cartes ou leurs propres vêtements.

• Puis, l'enseignant pose la question : « *Are you wearing a...?* » à un enfant en l'accompagnant de gestuelle. Celui-ci répond par « *Yes* » ou « *No* », et ainsi de suite avec les autres enfants.
• Ensuite, l'enseignant dit : « *Look at my shoes.* », en montrant ses chaussures et invite un enfant à dire et à faire de même.
L'enseignant dit : « *Look at my dress.* » ou invite une petite fille qui porte une robe à dire et à faire de même...
L'enseignant montre l'image du *trousers* et dit : « *Look at the trousers.* », en invitant un enfant qui porte un pantalon à dire : « *Look at my trousers* ». Les autres enfants sont ensuite sollicités.
• Chant : *If you're happy...*

Deuxième séance

Objectif : – Acquérir du vocabulaire : *a tee-shirt, a jumper, a skirt.*

Matériel : – *If you're happy* et *Do your ears...*

Chansons et comptines – Plages 13 et 14

– La marionnette, une poupée.
– Les 4 images précédentes et les 3 images suivantes (format A4) : *tee-shirt, jumper, skirt.*

Matériel – Séquence 9 (Affichage)

Organisation : – Atelier de 10.

• Chant d'entrée : *If you're happy...* (avec la gestuelle).
• Rappel des quatre images : *dress, socks, shoes, trousers.*
• Questionnement et réponses des enfants : « *Are you wearing a...?* » « *Yes* » ou « *No* ».
• **Jeu de *Simon says*** avec les quatre mots : « *Simon says : touch your shoes... your socks... your dress... your trousers.* »
• Le même dialogue que celui de la séance précédente s'instaure et les trois nouvelles cartes sont présentées.
• **Jeu de *Touch and Say*** avec les sept images.
• La marionnette invite chaque enfant à venir près d'elle et lui pose la question : « *Are you wearing a...?* » Chaque enfant donne sa réponse (« *Yes / No* »).
• Chant : *Do your ears hang low?*

Troisième séance

Objectifs : – Réinvestir des acquis.
– Acquérir du vocabulaire : *coat, cardigan*.

Matériel : – *How are you?* et *Head and shoulders*.
➤ Chansons et comptines – Plages 4 et 12
– Les 7 images précédentes et les 2 nouvelles (format A4) : *coat, cardigan* et les 9 flashcards correspondantes.
➤ Matériel – Séquence 9 (Affichage et flashcards)

Organisation : – Groupe-classe.

• Chant d'entrée : *Head and shoulders*.
• Rappel des sept images : l'enseignant questionne les élèves et les aide à restituer le vocabulaire.
• **Jeu du vêtement** : les enfants sont installés debout, en arc de cercle. L'enseignant nomme l'un des sept vêtements, les enfants qui le portent lèvent la main. Les enfants vérifient eux-mêmes la justesse des réponses. Un enfant devient le meneur de jeu, et ainsi de suite pour les autres enfants.
• L'enseignant présente ensuite les deux nouvelles images. Les enfants répètent les mots nouveaux.
• **Jeu de *Touch and Say*** avec les deux nouvelles cartes.
• **Jeu du serpent** (*cf.* p. 65 pour la règle du jeu) avec les neuf flashcards.
• Chant : *How are you?*

Quatrième séance

Objectifs : – Acquérir du vocabulaire : *blue, red, yellow, green*.
– Associer adjectif et nom.

Matériel : – La marionnette revêtue d'un pantalon bleu et d'un gilet rouge.
– Des vêtements d'enfants ou d'adultes, de différentes couleurs… Et dont le nom est connu en anglais par les enfants.
– *If you're happy…* et *Do your ears…*
➤ Chansons et comptines – Plages 13 et 14

Organisation : – Atelier de 10.

• Écoute du chant : *Do your ears hang low?*
• La marionnette a revêtu un gilet rouge et un pantalon bleu et les montre aux enfants : « *My cardigan is red.* » « *My trousers are blue.* » Puis : « *It's red, it's blue.* »

• L'enseignant apporte des vêtements bleus, rouges, jaunes et verts : le nom des vêtements est connu des enfants.
• L'enseignant les présente : « *It's blue... It's yellow...* ». Puis « *It's a blue skirt... It's a red skirt. It's a yellow cardigan... It's a green coat.* » Ensuite, « *They are blue shoes.* » « *They are yellow socks.* », en indiquant bien les deux chaussures et les deux chaussettes. Il s'agit de répéter plusieurs fois chaque couleur.
• Les enfants viennent choisir chacun un vêtement et essaient de le nommer, aidés par l'enseignant. La classe vérifie le vocabulaire.
• Il est possible d'organiser un atelier de déguisement dont le but sera de mettre un vêtement et de le nommer ainsi que sa couleur.
• Chant : *If you're happy...*, avec la gestuelle.

Cinquième et sixième séances

Objectifs :
- Enrichir son vocabulaire : *colour, black, white* pour la 5e séance ; puis *pink, orange et purple* pour la 6e séance.
- Acquérir une nouvelle expression : *my favourite colour.*

Matériel :
- La marionnette, revêtue d'un pantalon blanc et d'un gilet noir, puis si possible rose, orange, violet.
- Les mêmes vêtements, en ajoutant des vêtements noirs et des vêtements blancs, puis roses, orange, violets.
- *Head and shoulders* et *Do your ears...*

> Chansons et comptines – Plages 12 et 14

Organisation :
- Atelier de 10.

• Chant d'entrée : *Head and shoulders*. Les enfants écoutent, chantent et miment.
• La marionnette présente ses nouveaux vêtements.
• L'enseignant fait la même présentation que précédemment, en insistant bien sur les nouvelles couleurs.
• Chaque enfant met un vêtement, le nomme ainsi que sa couleur.
• L'enseignant choisit un vêtement, le montre et dit : « *Yellow is my favourite colour.* », puis en choisissant un feutre jaune, il répète : « *I like yellow. Yellow is my favourite colour.* » Il continue avec un autre objet jaune.
• L'enseignant invite chaque enfant à faire de même en choisissant leur couleur préférée. Il ne donne aucune explication en français, la gestuelle et l'intonation suffisent pour que l'ensemble du groupe ait trouvé les indices nécessaires à la compréhension.
• Écoute : *Do your ears hang low?*

Septième séance

Objectifs :
- Utiliser de nouvelles structures de phrase : *I'm wearing... And you?*
- Réinvestir du vocabulaire en situation.
- S'imprégner des paroles d'un chant nouveau : *What is yellow?*

Matériel :
- Les vêtements des enfants.
- *If you're happy* et *What is yellow?*

Chansons et comptines – Plages 13 et 15

Organisation :
- La classe.

• Chant d'entrée : *If you're happy*... Chant et mime avec l'enseignant.
• L'enseignant nomme la couleur de l'un de ses vêtements. Par exemple : « *I'm wearing a white tee-shirt.* », en faisant la gestuelle pour le montrer. Quand l'enseignant dit : « *I'm* », il s'indique du doigt puis il montre l'ensemble de son tee-shirt en ajoutant « *wearing a white tee-shirt.* »
• L'enseignant demande à chaque enfant : « *And you?* », en l'indiquant du doigt. Puis il aide chacun à répondre et à donner le nom d'un vêtement et sa couleur.
• Écoute de la chanson : *What is yellow?*
L'enseignant montrera les couleurs au fur et à mesure des strophes.

Huitième séance

Objectifs :
- Utiliser la structure de phrase avec *and*.
- Réinvestir du vocabulaire.

Matériel :
- Les vêtements des enfants.
- *Hello! Goodbye!* et *What is yellow?*

Chansons et comptines – Plages 3 et 15

Organisation :
- Groupe-classe.

• Chant d'entrée : *Hello! Goodbye!*
• L'enseignant explique les règles d'un nouveau jeu : le **jeu du vêtement**. Cinq élèves sont debout face au reste de la classe. Un sixième enfant choisit silencieusement un de ces cinq camarades et décrit oralement les vêtements de celui-ci (il nomme seulement les vêtements et la couleur : « *blue trousers, white shirt* »). Le reste de la classe doit deviner à qui appartient le ou les vêtement(s) décrit(s) et répondent par le prénom de l'enfant.
Au cours du jeu, il sera peut-être nécessaire d'employer « *and* » pour parler de plusieurs vêtements. Par exemple : « *blue and red cardigan* ». L'enseignant peut insister sur son sens en l'introduisant dans d'autres situations, en montrant par exemple deux enfants qui se tiennent par la main : « *Emma and Romain* », en désignant les deux enfants.
• Chant : *What is yellow?*

Neuvième séance

Objectifs : – Réinvestir du vocabulaire.
– Utiliser la structure de phrase : *She / he is wearing… Who is it? It is…*

Matériel : – Les vêtements des enfants.
– *Do your ears…* et *What is yellow?*
▶ Chansons et comptines – Plages 14 et 15

Organisation : – Groupe-classe.

• Chant d'entrée : *What is yellow?*
• L'enseignant explique de nouveau le **jeu du vêtement** qu'il va jouer avec la marionnette. Un dialogue s'instaure entre la marionnette et l'enseignant.
La marionnette décrit une fillette de la classe : « *She is wearing blue socks, white tee-shirt… Who is it?* »
L'enseignant répond : « *It is Marie.* »
Puis la marionnette décrit un garçon. « *He is wearing… Who is it?* »
L'enseignant répond : « *It is Adrien.* »
Puis le dialogue continue en décrivant d'autres enfants.
• Cinq enfants sortent du groupe et se placent face aux autres. Deux enfants du groupe-classe établissent le dialogue : l'un décrit les vêtements d'un des cinq enfants, l'autre devine de qui il s'agit.
Ce dialogue peut se faire en jeu d'équipe avec un enfant d'une équipe qui décrit et celui de l'autre équipe qui répond. Il peut aussi être repris dans une dixième séance.
• Chant : *Do your ears hang low?*

Dixième séance (pour les CE1)

Objectif : – Lire et écrire les mots des couleurs et des vêtements, les associer : *blue, red, yellow, green…* et *skirt, shoes, coat, tee-shirt, dress, pull…*

Matériel : – Les flashcards des vêtements et des couleurs (certaines sont proposées dans le).
▶ Matériel – Séquence 9 (Flashcards CE1)
– Une feuille A4 par élève (ou le cahier destiné à conserver la trace écrite en anglais).

Organisation : – Groupe-classe.

• Les flashcards couleurs et vêtements sont affichées au tableau. L'enseignant les lit en montrant chaque mot et les enfants sont invités à redire et relire les mots.

Pour réinvestir ce vocabulaire, l'enseignant leur propose de se dessiner avec les vêtements de leur choix (par exemple, une jupe bleue et un tee-shirt jaune ou une robe rouge) et d'écrire à côté « *a blue skirt* », « *a yellow tee-shirt* », « *a red dress* »...

a red dress

• L'enseignant rappelle au préalable qu'en anglais le qualifiant (ou adjectif) se place avant le nom. Puis chacun lit sa production à la classe qui vérifie l'exactitude des données.

Family

Nombre de séances : 9

Vocabulaire et expressions : *mother – father – sister – brother – grandmother – grandfather – Who is this? – This is… – How many sisters / brothers have you got? – I've got…*

Première séance

Objectifs :
– Acquérir du vocabulaire sur le thème de la famille.
– Présenter sa famille.

Matériel :
– *Brother John* et *If you're happy…*
➤ Chansons et comptines – Plages 2 et 13
– 4 images (format flashcard) représentant 4 membres différents de la famille : *mother, father, sister, brother.*
➤ Matériel – Séquence 10 (Flashcards)

Organisation : – Groupe-classe.

• Chant d'entrée : *Brother John.*
• La marionnette apporte les flashcards. Elle les montre aux enfants en nommant les membres d'une famille. L'enseignant peut aussi faire de même en présentant des photos de membres de sa famille.
« *This is my mother, my mother. This is my father, my father. This is my sister, my sister. This is my brother, my brother.* »
Penser à la gestuelle : montrer du doigt le personnage en disant : « *This is* », puis se montrer du doigt en disant : « *my* », et montrer du doigt le personnage en le nommant : « *mother* ».
• L'enseignant répète en montrant les dessins : « *mother, father, sister, brother* ».
• Chant : *If you're happy…*

Deuxième séance

Objectif : – Réinvestir le vocabulaire acquis.

Matériel : – *How are you?* et *Ten little Indians.*

➤ Chansons et comptines – Plages 4 et 6

– Les 4 flashcards représentant les différents membres de la famille en 10 exemplaires.

Organisation : – Atelier de 10.

• Chant d'entrée : *How are you?*
• L'enseignant distribue à chacun les quatre flashcards et nomme plusieurs fois les personnages. Les enfants doivent montrer le personnage nommé.
• Puis il pose la question « *Who is this?* » et invite l'enfant à répondre par exemple « *mother* ».
• Chacun montre un personnage de son choix et le nomme.
• Un enfant demande à un autre enfant le mot correspondant à un personnage. Celui-ci lui montre et le nomme.
• **Jeu** : les flashcards sont retournées, face cachée sur la table. Chaque enfant en tire une et la nomme. Si la réponse est juste, il garde la flashcard, sinon il la remet sous le tas. Celui qui a le plus de cartes a gagné.
Le même jeu peut être fait avec un dé de personnages. Les enfants gagnent un jeton après chaque bonne réponse.
• Chant : *Ten little Indians.*

Troisième séance

Objectif : – Acquérir du vocabulaire : *grandmother, grandfather.*

Matériel : – *Head and shoulders* et *What is yellow?*

➤ Chansons et comptines – Plages 12 et 15

– Les 4 images (format A4) des différents membres de la famille auxquels s'ajoutent les deux nouveaux : *grand-mother, grand-father.*

➤ Matériel – Séquence 10 (Affichage)

Organisation : – Groupe-classe.

• Chant d'entrée : *Head and shoulders.*
• Même déroulement que pour la première séance, avec en plus les deux nouvelles cartes.
• Chant : *What is yellow?*

Quatrième séance

Objectif : – Réinvestir le vocabulaire sur la famille.

Matériel : – *Hello! Goodbye!* et *If you're happy...*

➤ Chansons et comptines – Plages 3 et 13

– Les 6 flashcards des différents membres de la famille en 10 exemplaires.

Organisation : – Atelier de 10.

- Chant d'entrée : *Hello! Goodbye!*
- Même déroulement que la deuxième séance avec les deux nouveaux personnages.
- Chant : *If you're happy...*

Cinquième séance

Objectif : – Acquérir une nouvelle structure de phrase à l'aide de l'exemple : *What's your father's name?*

Matériel : – La marionnette.

– *If you're happy...* et *What is yellow?*

➤ Chansons et comptines – Plages 13 et 15

– L'arbre généalogique de la marionnette, de l'enseignant et des 6 enfants.

Organisation : – Atelier de 6 enfants.

- Chant d'entrée : *If you're happy...* avec toute la classe.
- L'enseignant a préalablement créé, avec les enfants, leur arbre généalogique. Ils sont utilisés ici. L'enseignant sélectionne l'arbre généalogique des six enfants de l'atelier.

La marionnette vient présenter le sien.

L'enseignant lui pose la question en montrant un personnage : « *Who is this?* »
La marionnette répond : « *This is my mother.* » Puis l'enseignant pose la question : « *What's your mother's name?* » La marionnette répond : « *Her name is...* »
L'enseignant fait de même avec son arbre généalogique, c'est la marionnette qui lui pose les questions.

- L'enseignant pose, en alternance, les mêmes questions à chaque enfant à partir de leur arbre généalogique.
- Chant : *What is yellow?*

Sixième séance

Objectif : – Réinvestir des acquis.

Matériel : – La marionnette.
– *Ten little Indians* et *If you're happy...*
Chansons et comptines – Plages 6 et 13
– L'arbre généalogique de la marionnette, de l'enseignant et des six enfants de l'atelier.

Organisation : – Atelier de 6.

• Chant d'entrée : *Ten little Indians.*
• La marionnette reprend son arbre généalogique et indique le nombre de frères et sœurs qu'elle a.
• Elle questionne l'enseignant à propos du sien : « *How many sisters have you got?* » Elle fait un geste circulaire avec ses mains pour indiquer une quantité, puis désigne leurs photos ou dessins sur l'arbre généalogique. L'enseignant répond en se montrant du doigt et avec les mêmes gestes : « *I've got... sisters.* »
Dans le cas où il y aurait ni frère ni sœur, on répondra : « *I've got no brother and no sister.* »
• Les enfants répondent à la même question à partir de leur arbre généalogique. (Les enfants qui n'ont pu obtenir de leurs parents des photos des différents membres de la famille, les ont représentées par un dessin.)
• Chant : *If you're happy...*

Septième séance

Objectifs : – Acquérir un vocabulaire familier : *Mommy ou Mummy, Daddy, Grandma ou Granny, Granddad.*
– Apprendre un nouveau chant.

Matériel : – La marionnette.
– *This is your day Mommy.*
Chansons et comptines – Plage 16
– Les flashcards des différents membres de famille.

Organisation : – Groupe-classe.

Remarque
Il est souhaitable d'introduire cette séance au moment de la fête des mères avec la chanson : *This is your day Mommy.*

• Chant d'entrée : *This is your day Mommy.*
• Les enfants cherchent des indices dans le texte, puis l'enseignant explique, si les enfants n'ont pas repéré les similitudes avec le mot français, qu'il s'agit d'une chanson qui parle de maman.

• La marionnette répète « *Mommy* » en montrant la flashcard représentant la mère : « *She's my mother : she's my Mommy.* » Ce dernier mot est prononcé comme un appel. Puis elle fait de même pour « *Daddy* » et « *Grandma* » *et* « *Granddad* ».
• L'enseignant fait la même chose à l'aide des photos de sa famille ou des flashcards.
• Puis il demande à chaque enfant de prononcer l'un des quatre mots en montrant des flashcards correspondantes.
• Chant : *This is your day Mommy.*
Ce chant peut être répété au cours d'autres séances en vue de la fête des mères. Il peut aussi être écouté dès la première séance en modifiant le cours des autres séances.

Huitième séance

Objectif : – Réinvestir le vocabulaire de la famille dans un jeu de loto.

Matériel : – *This is your day Mommy.* Chansons et comptines – Plages 16
– Les flashcards en 5 exemplaires chacune.
– Les deux jeux de loto en 5 exemplaires (à imprimer si possible au format A3).
Matériel – Séquence 10 (Loto)

Organisation : – En atelier (10 joueurs et l'enseignant meneur de jeu).

• **Jeu de loto** : l'enseignant explique les règles et distribue les supports de loto.
L'enseignant montre une flashcard.
Exemple : *grandmother.*
Un enfant, qui a la même image sur sa carte de loto, lève la main et nomme la flashcard. Si sa réponse est juste, il place la flashcard sur son support de loto. Si elle est fausse, l'enseignant la remet en jeu. Le premier enfant, qui a complété sa carte de loto avec les flashcards correspondantes, a gagné.
• Si l'un des enfants est à l'aise avec les mots anglais, il devient le meneur de jeu.
• Chant : *This is your day Mommy.*

Neuvième séance (pour les CE1)

Objectif : – Lire et écrire les groupes de mots : *my mother, my father, my sister, my brother...*

Matériel : – Les flashcards CE1 des membres de la famille.

Matériel – Séquence 9 (Flashcards CE1)

– Une feuille A4 par élève (ou le cahier destiné à conserver la trace écrite en anglais).

Organisation : – Groupe-classe.

• Les flashcards sont affichées au tableau. L'enseignant lit en montrant chaque mot et les enfants sont invités à redire et relire les mots après lui. Puis chacun dessine sa famille et écrit les mots correspondants en s'aidant des flashcards.
• Pour la fête des mères, chacun pourra dessiner une carte et écrire « *I love you Mummy* », phrase que l'enseignant aura préalablement présentée et écrite au tableau.

Enjoy your meal

Nombre de séances : 5

Vocabulaire et expressions : *I like to eat muffins – the flour – the sugar – an egg – the milk – a recipe – Who's bringing...? – Please give me...*

Première séance

Objectifs : – Prendre des indices dans l'image pour donner du sens.
– Réinvestir une expression : *I like to eat.*

Matériel : – La marionnette.
– *I like to eat...* et *The Muffin Man.*
➤ Chansons et comptines – Plages 7 et 17
– La flashcard du *muffin.*
➤ Matériel – Séquence 11 (Flashcards)

Organisation : – Groupe-classe.

• Chant d'entrée : *I like to eat apples and bananas.*
• La marionnette montre la flashcard du *muffin.* Elle nomme le gâteau : « *It's a muffin.* » en le désignant, puis elle dit : « *I like to eat muffins.* » en se frottant le ventre d'un air gourmand.
• Puis l'enseignant demande aux élèves d'écouter : « *Listen.* », et fait écouter deux ou trois fois le CD plage 17.
• Après cette écoute, les enfants l'accompagnent de la voix.
• La marionnette interroge l'enseignant : « *Do you like muffins?* » en montrant le gâteau. L'enseignant répond : « *Yes, I like muffins.* »
• Ensuite, il pose la question à un enfant qui essaie de répondre, puis de poser la question à un autre enfant.
• Réécoute de la chanson avec accompagnement par les enfants.

Deuxième séance

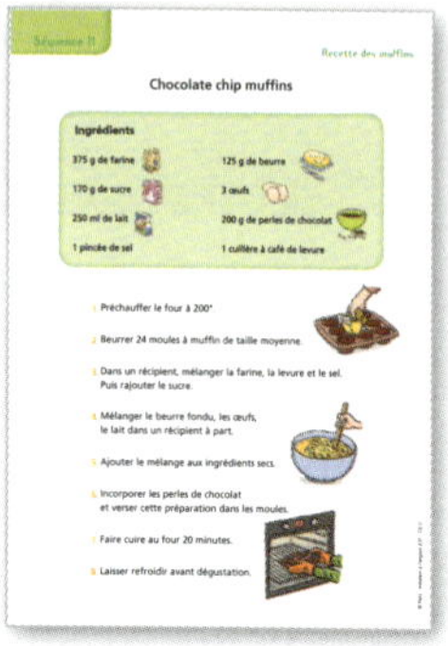
Séquence 11

Recette des muffins

Chocolate chip muffins

Ingrédients

375 g de farine
170 g de sucre
250 ml de lait
1 pincée de sel
125 g de beurre
3 œufs
200 g de perles de chocolat
1 cuillère à café de levure

1. Préchauffer le four à 200°.
2. Beurrer 24 moules à muffin de taille moyenne.
3. Dans un récipient, mélanger la farine, la levure et le sel. Puis rajouter le sucre.
4. Mélanger le beurre fondu, les œufs, le lait dans un récipient à part.
5. Ajouter le mélange aux ingrédients secs.
6. Incorporer les perles de chocolat et verser cette préparation dans les moules.
7. Faire cuire au four 20 minutes.
8. Laisser refroidir avant dégustation.

Objectifs :
- Réinvestir du vocabulaire.
- Apprendre un nouveau mot : *recipe*.

Matériel :
- La marionnette.
- *If you're happy* et *The Muffin Man*.

▶ Chansons et comptines – Plages 13 et 17

- La recette des muffins avec les dessins des ingrédients reproduite en A3 ou vidéoprojetée.

▶ Matériel – Séquence 11 (Recette des muffins)

Organisation :
- Groupe-classe.

• Chant d'entrée : *If you're happy…*
• L'enseignant affiche la recette afin que les élèves la lisent, avec son aide éventuellement pour les CP.
• La marionnette demande, en s'adressant à l'enseignant : « *Is it the muffin recipe?* » L'enseignant répond : « *Yes, it's the muffin recipe, it's a recipe.* »
• La marionnette s'adresse aux enfants : « *Is it the muffin recipe?* » L'enseignant les encourage à lui répondre : « *Yes, it's a recipe, it's the muffin recipe.* »
• La marionnette s'adresse à la classe et demande : « *Who is bringing the eggs?* » en montrant le dessin des œufs.
• La question laisse les enfants perplexes. Certains se rappelleront peut-être du sens du mot *eggs*. Puis la marionnette disparaît.
• L'enseignant répète la question et interroge les enfants pour savoir s'ils ont compris le sens de la question.
• Les enfants comprennent alors que la marionnette a demandé quelque chose, qu'elle a montré les œufs, qu'elle a demandé des œufs, que peut-être elle veut que l'on apporte des œufs, que l'on fasse la recette…
• L'enseignant propose de clarifier cette question avec la marionnette lors de la prochaine séance.
• Chant : *The Muffin Man*.

Troisième séance

Objectif :
- Acquérir une expression : *Who's bringing…?*

Matériel :
- La marionnette.
- *How are you?* et *The Muffin Man*.

▶ Chansons et comptines – Plages 4 et 17

- La recette des muffins (format A3 ou vidéoprojetée).
- Les images de tous les ingrédients (*the flour, the sugar, 3 eggs, the milk, the butter, chocolate chips*).

▶ Matériel – Séquence 11 (Flashcards)

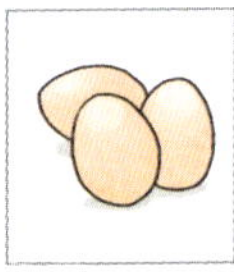

Organisation : – Groupe-classe.

• Chant d'entrée : *How are you?*
• L'enseignant affiche la recette et repose la question : « *Who's bringing the eggs?* » en montrant le dessin des œufs. La marionnette lève la main. L'enseignant la remercie : « *Thank you* », et note son prénom.
• Puis il s'adresse aux enfants : « *Who's bringing the flour?* » Un enfant lève la main, l'enseignant note le prénom de l'enfant en le remerciant : « *Thank you.* », et continue avec les autres ingrédients et d'autres enfants volontaires.
Les enfants peuvent aussi noter eux-mêmes leur prénom.
• **Jeu de *Touch and Say*** avec les images des ingrédients.
• La marionnette lit la liste des ingrédients et des enfants concernés.
Les enfants répètent la liste.
• Chant : *The Muffin Man.*

Quatrième séance

Objectif : – Comprendre et savoir répondre à une demande.

Matériel : – La marionnette.
– *The Muffin Man.*
Chansons et comptines – Plage 17
– La recette du muffin (format A3 ou vidéoprojetée).
– Les ingrédients apportés par les enfants et par l'enseignant.

Organisation : – Atelier de 10.

• Chant d'entrée : *The Muffin Man.*
• La recette est affichée. L'enseignant la lit, puis s'adresse à un enfant : « *Please, give me the eggs, Lucas.* » L'enfant répond : « *Yes.* » pour montrer qu'il a compris. L'enseignant peut montrer aussi l'image de l'ingrédient s'il voit que l'enfant n'a pas compris sa demande.
L'enfant les apporte à l'enseignant qui dit : « *Thank you.* »
Un enfant peut demander les ingrédients ; lui rappeler alors les formules de politesse.
L'enseignant prépare la pâte à muffins car cette manipulation n'est pas l'objectif de la séance. Quand la pâte est terminée, l'enseignant la porte à la cuisine pour la cuisson (ou demandera à un parent de le faire).
La dégustation se fait en présence de la marionnette. Chacun pense à dire : « *Thank you.* »
Des mots sont lancés par la marionnette et l'enseignant « *Good… very good…* » en ajoutant la gestuelle. Les enfants imitent facilement et avec plaisir.
• Chant : *The Muffin Man* sans la musique.

Cinquième séance (pour les CE1)

Objectif : – Associer un mot anglais à son correspondant français.

Matériel : – Par enfant, une liste des ingrédients de la recette écrits en français et une autre en anglais, présentés dans un ordre différent :

Matériel – Séquence 11 (Fiche élève CE1)

Organisation : – Groupe-classe.

• La classe fait une lecture de la recette en français et de la liste des ingrédients en anglais.
• Après distribution des listes individuelles, chacun doit relier le terme anglais avec son correspondant en français.

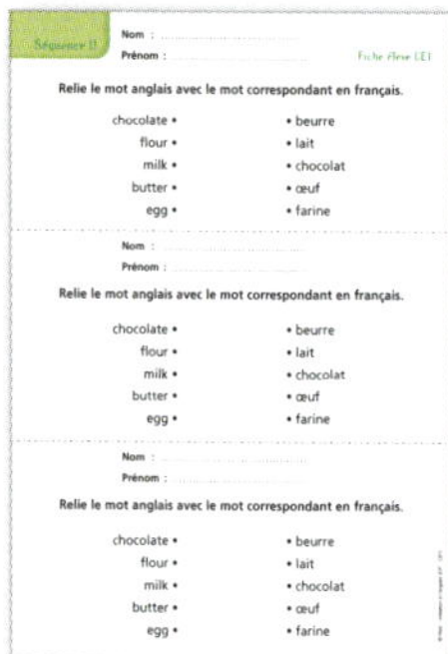
Séquence 11
Nom :
Prénom :
Fiche élève CE1

Relie le mot anglais avec le mot correspondant en français.

chocolate • • beurre
flour • • lait
milk • • chocolat
butter • • œuf
egg • • farine

Nom :
Prénom :

Relie le mot anglais avec le mot correspondant en français.

chocolate • • beurre
flour • • lait
milk • • chocolat
butter • • œuf
egg • • farine

Nom :
Prénom :

Relie le mot anglais avec le mot correspondant en français.

chocolate • • beurre
flour • • lait
milk • • chocolat
butter • • œuf
egg • • farine

ABC

Nombre de séances : 5 ou 6

Vocabulaire : l'alphabet en anglais.

Première séance

Objectifs :
- Prendre des indices dans l'écoute : sonorité, rythme, similitude.
- Comprendre une expression par l'intonation et la gestuelle.

Matériel :
- La marionnette.
- Une affiche (format A3 ou vidéoprojetée) avec un abécédaire.

➤ Matériel – Séquence 12 (Abécédaire)

- *Hello! Goodbye!* et *The alphabet song*.

➤ Chansons et comptines – Plages 3 et 18

Organisation :
- Groupe-classe.

• Chant d'entrée : *Hello! Goodbye!*
• L'enseignant fait écouter la chanson *The alphabet song* et demande aux enfants : « *What do you understand?* » en tendant les deux mains vers eux, puis vers le CD.
• Les enfants s'expriment en français et reconnaissent facilement qu'il s'agit de l'alphabet en anglais.
• L'enseignant dit : « *Yes, it's the alphabet song. Can you sing it with me?* » L'enseignant chante alors la chanson ou met le CD.
Écoute et essai d'accompagnement par les enfants.
• La marionnette arrive et apporte l'affiche de l'abécédaire et chante en suivant les lettres de l'alphabet. Puis elle fait réécouter le CD à la classe. Un élève est invité à suivre les lettres sur l'affiche. Cela est répété plusieurs fois avec des enfants différents.
Il est intéressant d'avoir plusieurs abécédaires pour que plusieurs enfants puissent suivre la chanson sur l'image.

Deuxième séance

Objectifs : – Se sensibiliser aux différents sons d'une langue.
– Apprendre l'alphabet en anglais.

Matériel : – *If you're happy...* et *The alphabet song*.

Chansons et comptines – Plages 13 et 18

– L'affiche de l'abécédaire.
– Des flashcards des lettres de l'alphabet.

Matériel – Séquence 12 (Flashcards)

Organisation : – Atelier de 10.

• Chant d'entrée : *If you're happy...*
• Chant : *The alphabet song*. Les enfants chantent, un enfant montre les lettres.
• L'enseignant demande aux élèves de bien écouter une nouvelle fois la chanson car ils devront mémoriser le nom d'une ou plusieurs lettres de leur choix. Les résultats sont variés, certains enfants choisissent un nom proche de celui de leur langue, d'autres choisissent des noms inconnus.
• Une comparaison est faite avec les noms et les sons de l'alphabet en français.
• **Jeu de l'alphabet** : le jeu de flashcards est posé, face cachée, sur la table. Les enfants tirent chacun à leur tour, une carte, et doivent nommer la lettre.
Ce jeu est à réutiliser plusieurs fois dans l'année.

Séances suivantes

Le déroulement de la deuxième séance sera répété autant de fois que nécessaire (3 à 5 séances).

Easter

Nombre de séances : 3

Vocabulaire et expressions : *Easter – basket – Easter eggs – rabbit – What is it? It's a...*

Première séance

Objectifs : – Acquérir du vocabulaire : *basket, rabbit, eggs, Easter.*
– Apprendre une comptine : *Easter rabbits.*

Matériel : – La marionnette.
– Un panier contenant un lapin en peluche, des œufs de Pâques et des friandises. Il est recouvert d'une serviette.
– *What is yellow?* et *Easter rabbits.*
Chansons et comptines – Plages 15 et 19

Organisation : – Groupe-classe.

• Chant d'entrée : *What is yellow?*
• La marionnette apporte le panier.
L'enseignant demande : « *What is it?* »
La marionnette dit : « *It's a basket.* » et devant l'air étonné de l'enseignant, repète : « *Yes, a basket.* »
L'enseignant s'adresse aux élèves en indiquant le panier et répète : « *This is a basket, a basket.* » et invite les enfants à répéter.
• La marionnette s'adresse aux enfants : « *Look!* » en montrant l'intérieur du panier.
L'enseignant demande : « *What is it?* »
• La classe a auparavant (lors d'une séance de langage) abordé le thème de Pâques, les enfants comprennent l'interrogation et répondent en français : « *Y'a des œufs... des chocolats... C'est pour Pâques...* »
• L'enseignant répond alors : « *Yes, it's for Easter.* » en insistant sur le mot « *Easter.* »

• La marionnette sort les objets en les nommant un par un : « *Yes, it's for Easter : eggs, a rabbit, chocolates, a basket.* »
Elle invite les enfants à répéter avec elle en montrant les objets.
• Comptine : *Easter rabbits.*
Écoute : les élèves essaient de comprendre le sujet.

Deuxième séance

Objectif : – Réutiliser du vocabulaire connu : *listen, look*.

Matériel : – *Easter rabbits*.

Chansons et comptines – Plage 19

– Les 5 images (format flashcards) avec les dessins suivants en 10 exemplaires : *a rabbit – a basket – Easter eggs – chocolate – sweets*.

Matériel – Séquence 13 (Flashcards)

Organisation : – Atelier de 10.

• Comptine : *Easter rabbits* que les enfants accompagnent.
• Les enfants ont les cinq flashcards.
L'enseignant dit aux élèves : « *Listen.* » (en montrant le CD). L'enseignant lit la comptine ou met le CD, il montre au fur et à mesure la flashcard correspondante au texte. Puis les enfants font de même.
• Cinq enfants récitent et les cinq autres montrent leurs flashcards et inversement. L'enseignant les accompagne de la voix.

Troisième séance

Objectif : – Comprendre et savoir répondre à une demande.

Matériel : – *What is yellow?* et *Easter rabbits*.

Chansons et comptines – Plages 15 et 19

– Des cartes de Pâques du commerce avec si possible un lapin ou celles proposées dans le CD.

Matériel – Séquence 13 (Cartes de Pâques)

Organisation : – Groupe-classe, puis atelier de 10.

• Comptine : *Easter rabbits*.
• L'enseignant présente les cartes au groupe-classe : « *What is it?* »
Chacun s'exprime en français.
L'enseignant lance l'idée de fabriquer une carte pour les parents avec les éléments connus de Pâques et la formule de salutation : *Happy Easter*. Les enfants en recherchent le sens, aidés par l'enseignant.
• Les enfants fabriquent leur carte.
L'enseignant donne à chacun un modèle pour écrire les deux mots.
• Comptine : *Easter rabbits* et chant : *What is yellow?*

Seasons

Nombre de séances : 5

Vocabulaire et expressions : *spring – winter – summer – autumn.*

Première séance

Objectifs :
- Comprendre un dialogue à partir d'indices visuels.
- Acquérir du vocabulaire : *spring, winter*.

Matériel :
- La marionnette, avec un panier contenant quelques fleurs.
- Un sac contenant des vêtements d'enfants ou d'adultes : cagoule, écharpe de laine, bottes fourrées, sandales, moufles, pull, jupe légère…
- *Ten little Indians* et *The alphabet song*.

➤ Chansons et comptines – Plages 16 et 18

- Deux images (format A4) : *spring, winter*.

➤ Matériel – Séquence 14 (Affichage)

Organisation : – Groupe-classe.

- Chant d'entrée : *The alphabet song*.
- La marionnette apparaît avec le panier. Elle dit à l'enseignant : « *Look at my flowers.* » L'enseignant regarde les fleurs et dit : « *They are pretty. It's spring.* » Il montre par la fenêtre un arbre en fleurs ou une image symbolisant le printemps.

La marionnette : « *Yes, it's spring. I love spring. And you?* » L'enseignant : « *Yes, I love spring.* » L'enseignant répète le mot « *spring* » en indiquant l'image du printemps affichée au tableau.

- Puis la marionnette montre l'image de l'hiver et dit : « *It's winter.* » L'enseignant, en la montrant également, acquiesce : « *Yes, it's winter.* »
- Il montre le panier de fleurs : « *Look at the basket. It's spring now.* »
- La marionnette sort de son sac une cagoule et dit : « *This is for winter.* »

• L'enseignant sort une jupe : « *This is for spring.* » et des moufles : « *This is for winter.* »
• L'enseignant pointe les deux images du printemps et de l'hiver et nomme à nouveau les deux saisons.
• Puis la marionnette sort du sac une écharpe et dit : « *winter* », en montrant l'image correspondante, puis des chaussures légères en disant : « *spring* ».
• Les enfants sont invités à sortir des vêtements du sac, à montrer l'image de la saison et à donner le nom : « *winter* » ou « *spring* ».
• Chant : *Ten little Indians.*

Deuxième séance

Objectifs :
- Comprendre un dialogue à partir d'indices visuels.
- Acquérir du vocabulaire : *summer, autumn.*

Matériel :
- La marionnette.
- *Hello! Goodbye!* et *How are you?*

▶ Chansons et comptines – Plages 3 et 4

- Un sac contenant des vêtements et accessoires : les mêmes que précédemment ; y ajouter un chapeau de soleil, des lunettes de soleil, des bottes de caoutchouc, un gilet, un masque et un tuba (ou des images).
- 4 images (format A4) dont *summer* et *autumn.*

▶ Matériel – Séquence 14 (Affichage)

Organisation :
- Groupe-classe.

• Chant d'entrée : *How are you?* que les enfants accompagnent en chantant.
• L'enseignant montre aux enfants un sac. Il en sort un masque et un tuba et dit : « *I bought this for summer.* » en montrant l'image de l'été.
• La marionnette apparaît, l'enseignant lui répète la même phrase avec la gestuelle.
La marionnette répond : « *This is for summer.* » en montrant l'image de l'été.
Puis elle sort du sac les moufles et dit : « *This is for winter.* » en montrant l'image de l'hiver.
L'enseignant place un chapeau en paille sur sa tête : « *This is for summer.* » La marionnette répète : « *Yes, this is for summer.* »
• Ils font de même pour l'automne en prenant un imperméable, des bottes de caoutchouc...
• Les enfants répètent avec la marionnette le nom des saisons et des vêtements ou accessoires.
• Chacun prend un accessoire ou une image les représentant en citant la saison correspondante.
• Chant : *Hello! Goodbye!*

Troisième séance

Objectif : – Réutiliser le vocabulaire des saisons.

Matériel : – *How are you?* et *One, two.*

Chansons et comptines – Plages 4 et 5

– Le sac avec les vêtements et les accessoires.

Organisation : – Groupe-classe.

• Chant d'entrée : *How are you?* que les enfants accompagnent.
• L'enseignant apporte le sac et désigne un enfant pour venir sortir un vêtement ou un accessoire. Les autres enfants doivent nommer tous ensemble la saison.
Si la saison dite par la classe est juste, l'enfant désigné répète le mot.
Les enfants, chacun à leur tour, tirent un objet du sac.
• Comptine : *One, two.*

Quatrième séance

Objectifs : – Réinvestir du vocabulaire connu : *give me..., please, thank you.*
– Comprendre et savoir répondre à une demande.

Matériel : – *What is yellow?*

Chansons et comptines – Plage 15

– Un jeu de 16 flashcards : 4 fois les 4 saisons représentées de 4 manières différentes (on peut utiliser le matériel proposé ou des photos).

Matériel – Séquence 14 (Flashcards)

Organisation : – Groupe de 10, puis deux ateliers de 5.

• Chant d'entrée : *What is yellow?*
• **Jeu des quatre saisons** : l'enseignant présente les flashcards au groupe qui les découvre. Rappel des mots en anglais.

Puis il explique la règle du jeu : les enfants jouent à cinq, dont un meneur qui distribue quatre cartes à chacun.

Le but du jeu est de demander, chacun à son tour, une des saisons : *spring, winter, summer, autumn,* pour être le premier à avoir les quatre cartes de la même saison dans les mains. Les formules de politesse sont rappelées : *Please give me... – Thank you.*

Cinquième séance (pour les CE1)

Objectif : – Écrire les mots *spring, summer, autumn, winter*.

Matériel : – Les flashcards CE1 des saisons.

➤ Matériel – Séquence 14 (Flashcards CE1)

Organisation : – Groupe-classe.

• Les flashcards sont affichées au tableau. L'enseignant les lit en montrant chaque mot et les enfants sont invités à redire et relire les mots.

• Puis il écrit les quatre mots au tableau (les flashcards étant rangées). Les enfants dessinent une représentation des quatre saisons ; ils doivent retrouver, sur le tableau, les mots correspondants et les écrire au regard des dessins.

Things

Nombre de séances : 8

Vocabulaire et expressions : *Do you know…? Yes, I know… – a dog – a book – the door – the clock – the stairs – the piano – Where is… – Who is it? – What is it? – Show me… – the wardrobe – the bed – the carpet – the box – the basket.*

Première séance

Objectifs :
- Repérer des indices dans l'oral.
- Acquérir de nouvelles expressions : *Do you know…? Yes, I know…, It's a dog.*

Matériel :
- La marionnette.
- *How are you?* et *The alphabet song.*

➤ Chansons et comptines – Plages 4 et 18

- Le livre *Where is Spot?* de Éric Hill, Éditions Nathan ; Puffin Books ou Penguin Books GB pour les éditions disponibles[1].
- Des photos d'enfants absents ou d'une autre classe.
- Les flashcards du chien et du livre.

➤ Matériel – Séquence 15 (Flashcards)

Organisation :
- Groupe-classe.

• Chant d'entrée : *The alphabet song.*
• La marionnette apparaît avec le livre de Spot et dit à l'enseignant : « *Look at the book!* » L'enseignant regarde le livre et dit : « *I know, it's a book about Spot.* » Il montre le livre aux enfants et demande : « *Do you know Spot?* » en indiquant le petit chien.
Si les enfants ne comprennent pas la question, l'enseignant se tourne vers la marionnette et lui pose la même question. Celui-ci répond : « *Yes, I know Spot.* » et ajoute en s'adressant à la classe : « *Do you know Spot?* » Les enfants répondent avec l'aide de l'enseignant si nécessaire. L'enseignant montre des photos d'enfants absents ou celles d'enfants d'une

1. Cette séance peut être menée avec un autre livre qui aurait les mêmes caractéristiques (un personnage de série et des objets visibles).

autre classe et pose la même question à quelques enfants qui y répondent. « *Do you know Marie?* » « *Yes, I know Marie.* »
• La marionnette montre l'image du chien et dit : « *Spot is a dog.* » et répète : « *It's a dog.* » L'enseignant montre la flashcard ou la couverture du livre et interroge les élèves qui doivent répondre en conséquence : « *It's a dog.* », « *It's Spot.* »
• La marionnette montre l'image du livre et dit : « *It's a book.* » En indiquant un autre livre, il dit à nouveau : « *This is a book. It's a book.* »
• Chant : *How are you?*

Deuxième séance

Objectifs :	– Prendre des indices dans l'image et dans l'oral. – Réinvestir *No* et *Yes*.
Matériel :	– *If you're happy* et *What is yellow?* ➤ Chansons et comptines – Plages 13 et 15 – Le livre de Spot.
Organisation :	– Atelier de 10.

• Chant d'entrée : *If you're happy…*
• L'enseignant lit lentement l'histoire en montrant les images du livre :

« *Where's Spot?*
Naughty boy. It's dinner time. Where is he?
Is he behind the door?
Is he inside the clock?
Is he in the piano?
Is he under the stairs?
Is he in the wardrobe?
Is he under the bed?
Is he in the box?
Where's Spot?
Is he under the carpet?
He is in the basket.
Good boy, Spot! It's time to eat! »

Il la relit une deuxième fois en laissant aux enfants le temps de répondre « *No* » et « *Yes* » au final. Puis il s'adresse individuellement à chaque enfant afin que tout le monde soit actif.
• Chant : *What is yellow?*

Troisième séance

Objectif : – Se sensibiliser à un vocabulaire : *the door, the clock, the stairs, the piano.*

Matériel :
– La marionnette.
– Le livre de Spot.
– *One, two.* ➤ Chansons et comptines – Plage 5
– Les 6 images suivantes (format flashcard) : *book, door, clock, stairs, piano, dog.*
➤ Matériel – Séquence 15 (Flashcards)

Organisation : – Atelier de 10.

• Comptine : *One, two.*
• La marionnette apporte le livre de Spot.
Elle s'adresse à l'enseignant : « *Who is it* ? » en montrant la couverture. L'enseignant répond : « *It's Spot* ».
Puis elle montre la flashcard du livre : « *What is it?* » L'enseignant répond : « *It's a book.* »
La marionnette pose alors les mêmes questions à un élève, puis à un autre.
• Puis l'enseignant affiche les cinq autres flashcards (chien, porte, horloge, escalier, piano).
L'enseignant prend la flashcard du chien et demande : « *Where's the dog? Is he behind the door?* » L'enseignant dirige la flashcard du chien vers la flashcard « *door* ». Les enfants disent : « *No* ». Puis il se place devant les autres flashcards en posant la même question, les élèves donnent la réponse.
• Ensuite, l'enseignant pose des questions à John en montrant les six flashcards (les mêmes que précédemment, le livre en plus) : « *What's this?* » Celui-ci répond : « *It's a dog... It's a book... It's a door... It's a clock... They are stairs... It's a piano.* »
• La marionnette pose les mêmes questions à chaque enfant qui doit répondre selon la flashcard désignée, en se faisant aider par l'enseignant.
• L'enseignant propose enfin le **jeu de *Touch and Say*** avec les six flashcards.

Quatrième séance

Objectifs :
– Réinvestir des mots connus : *the door, the clock, the stairs, the piano.*
– Mémoriser la place d'une image dans un groupe d'images.

Matériel :
– *Head and shoulders* et *One, two.*
➤ Chansons et comptines – Plages 12 et 15
– Les 4 images suivantes (formats A4 et flashcard), reproduites 15 fois, soit 60 : *the door, the clock, the stairs, the piano.*
➤ Matériel – Séquence 15 (Affichage et flashcards)

Organisation : – Groupe-classe.

• Chant d'entrée : *Head and shoulders.*

• L'enseignant distribue les flashcards (une série des 4 flashcards pour deux enfants) et rappelle **le jeu de *Simon says*** : « *Simon says : clap your hands... touch your nose... touch your head... touch the door... touch the stairs... stand up... touch the piano..., touch the clock.* » L'enseignant est dans un premier temps le meneur de jeu, tout en agissant avec les enfants. Puis il est simplement meneur de jeu et les élèves doivent agir seuls.

• **Jeu du Tic Tac Toc**.

Les enfants sont partagés en deux équipes, A et B. Dans un premier temps, l'enseignant interroge un enfant de chaque équipe à tour de rôle, autour des quatre images affichées au tableau *(« Show me the door, stairs, piano, clock. »)* et numérotées de 1 à 4. Les premiers élèves interrogés voient l'image, mais dès qu'elle est désignée, elle est retournée, face cachée. Les enfants doivent alors se rappeler à la fois l'objet et son nom en anglais.
Dans un second temps, l'enseignant pose la question : « *What's number one?* » L'enfant doit répondre : « *It's a clock.* » ou « *Number one is a clock.* »
Pour chaque bonne réponse, un enfant de chaque équipe est chargé de dessiner une forme dans un quadrillage. La première équipe qui aligne trois de sa forme choisie a gagné.

• Comptine : *One, two.*

Cinquième séance

Objectifs :
- Acquérir du vocabulaire : *Show me..., the wardrobe, the bed, the carpet, the box, the basket.*
- Réinvestir des mots connus : *the door, the clock, the stairs, the piano.*

Matériel :
- La marionnette.
- *How are you?* et *What is yellow?*

▶ Chansons et comptines – Plages 4 et 15

- Les 4 images de la séance précédente (format A4 et format flashcard). Prévoir une flashcard par élève.
- Les 5 images suivantes (format A4) : *wardrobe, bed, carpet, box, basket.*

▶ Matériel – Séquence 15 (Affichage)

Organisation :
- Groupe-classe.

• Chant d'entrée : *How are you?*

• L'enseignant donne à chaque enfant l'une des quatre flashcards et en remet une à la marionnette (par exemple, l'image de l'horloge). Puis il demande à la classe : « *Show me the clock.* » La marionnette lui montre alors sa carte. Si un enfant a la même, il la montre également. L'enseignant peut demander aux enfants ce qu'ils ont compris.

Après deux ou trois demandes de l'enseignant, un enfant devient le meneur de jeu et le jeu continue. Le meneur de jeu change à chaque demande qui suit, afin que tous les enfants participent oralement.

• Les quatre images (format A4) sont affichées auxquelles s'ajoutent cinq nouvelles : *wardrobe, bed, carpet, box, basket.*

• L'enseignant reprend les questions abordées en deuxième séance (*cf.* p. 94) :

> « *Where's Spot, where's the little dog?*
> *Is he behind the door? No.*
> *Is he inside the clock? No.*
> *Is he in the piano? No.* »

Les enfants essaient de parler avec lui.

Puis ils donnent seulement le nom des objets : *the carpet, the box, the basket...*

Si les enfants ont des difficultés à se souvenir de tous ces mots, conserver que trois mots, et reporter les deux derniers à une séance suivante.

• Chant : *What is yellow?*

Sixième séance

Objectif : – Réinvestir des mots connus.

Matériel : – *If you're happy...* et *The alphabet song.*

➤ Chansons et comptines – Plages 13 et 18

– Les 9 images (format A4).

Organisation : – Atelier de 10.

• Chant : *If you're happy...*

• **Jeu de *Simon says*** en utilisant les neuf flashcards. Employer aussi « *get up* », « *sit down* ».

• **Jeu de *Touch and Say*** avec les neuf flashcards.

• Chant : *The alphabet song*.

Septième séance

Objectif : – Utiliser la négation.

Matériel : – La marionnette.

– *Head and shoulders* et *Do your ears...*

➤ Chansons et comptines – Plages 12 et 14

– Les 9 images (format A4).

Organisation : – Atelier de 10.

• Chant d'entrée : *Head and shoulders.*

• La marionnette apporte les neufs images. L'enseignant les fixe au tableau. Elle s'adresse à l'enseignant : « *Is it the piano?* » en montrant par exemple l'image de la porte. L'enseignant répond : « *No, it isn't. It's the door.* »

La marionnette pose la même question à un enfant, puis à un autre. Chacun répond selon l'image désignée, avec l'aide de l'enseignant.
La réponse peut aussi être « *Yes, it is…* ».
• Chant : *Do your ears hang low?*

Huitième séance (pour les CE1)

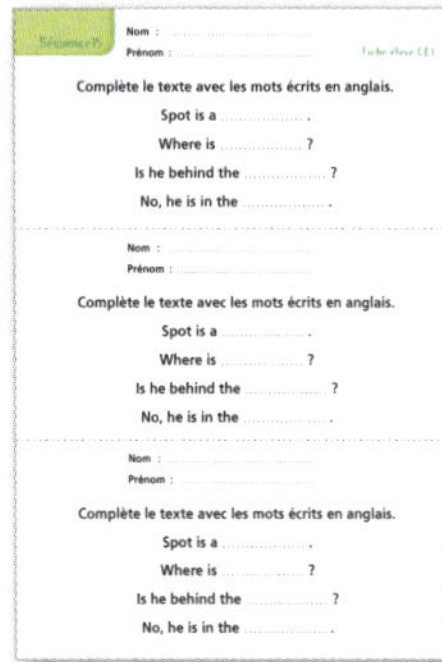
Séquence 15
Nom :
Prénom :
Fiche élève CE1

Complète le texte avec les mots écrits en anglais.
Spot is a ....
Where is .... ?
Is he behind the .... ?
No, he is in the ....

Nom :
Prénom :

Complète le texte avec les mots écrits en anglais.
Spot is a ....
Where is .... ?
Is he behind the .... ?
No, he is in the ....

Nom :
Prénom :

Complète le texte avec les mots écrits en anglais.
Spot is a ....
Where is .... ?
Is he behind the .... ?
No, he is in the ....

Objectif : – Lire des mots et les écrire dans un court texte à trous.

Matériel : – Les flashcards CE1 des mots du texte choisi par l'enseignant, ici : *dog, basket, door.*
Matériel – Séquence 15 (Flashcards CE1)
– Une copie par élève du texte à trous.
Matériel – Séquence 15 (Fiche élève CE1)

Organisation : – Groupe-classe.

• Les flashcards sont affichées au tableau, les mots sont identifiés, lus par l'enseignant et relus par les élèves.
• L'enseignant distribue les textes à trous et explique aux élèves qu'ils doivent compléter le texte avec les mots des flashcards affichées.
• Le texte complété et corrigé est collé dans le cahier destiné à conserver la trace écrite en anglais.

Animals

Nombre de séances : 7

Vocabulaire et expressions : *a bear – a snake – a hippopotamus – a lion – a monkey – a crocodile – a penguin – a tortoise – a cow – a pig – a duck – a horse.*

Première séance

Objectifs :
- Réinvestir des acquis.
- Trouver des indices à l'oral.
- Se sensibiliser à de nouveaux mots.

Matériel :
- *Brother John* et *If you're happy…*

  ➤ Chansons et comptines – Plages 2 et 13
- Le livre « *Where's Spot?* » de Éric Hill, Éditions Nathan ; Puffin Books ou Penguin Books GB pour les éditions disponibles.
- Les images (format A4) suivantes : *bear, snake, hippopotamus, lion, monkey, crocodile, penguin, tortoise.*

  ➤ Matériel – Séquence 16 (Affichage)

Organisation :
- Groupe-classe.

• Chant d'entrée : *Brother John*.

• L'enseignant relit le livre en entier comme pour la séquence 15 (*cf.* p. 94), en demandant la participation des enfants pour répondre « *No* » aux questions, et dire avec lui les mots dont ils se souviennent.

• Ensuite, l'enseignant reprend les questions dans l'histoire, et en ajoute une autre : « *Is this Spot ?* » en montrant à chaque fois l'une des huit nouvelles images. Certains noms d'animaux sont assez proches de ceux du français. Les enfants vont donc prendre des indices dans l'énoncé oral pour comprendre certaines réponses de l'enseignant.

« *Where's Spot? Naughty boy. It's dinner time. Where is he?*
– *Is he behind the door?* » Les enfants répondent : « *No.* »
L'enseignant ajoute : « *Is this Spot?* » en montrant l'image de l'ours. Les enfants répondent : « *No.* » L'enseignant dit alors : « *It's a bear.* », en insistant bien sur le mot « *bear* ».
Procéder de la même manière pour les autres questions.
– *Is he inside the clock?* Les enfants : « *No.* »
L'enseignant : « *Is this Spot?* » Les enfants : « *No.* »
L'enseignant précise alors : « *It's a snake.* »
– *Is he in the piano?* Les enfants : « *No.* » L'enseignant : « *Is this Spot?* » Les enfants : « *No.* ».L'enseignant : « *It's an hippopotamus.* »
– *Is he under the stairs?* Les enfants : « *No.* » L'enseignant : « *Is this Spot ?* » Les enfants : « *No* ». L'enseignant : « *It's a lion.* »
– *Is he in the wardrobe?* Les enfants : « *No.* » L'enseignant : « *Is this Spot?* » Les enfants : « *No* ». L'enseignant : « *It's a monkey.* »
– *Is he under the bed?* Les enfants : « *No.* » L'enseignant : « *Is this Spot?* » Les enfants : « *No* ». L'enseignant : « *It's a crocodile.* »
– *Is he in the box?* Les enfants : « *No.* » L'enseignant : « *Is this Spot?* » Les enfants : « *No.* » L'enseignant : « *It's a penguin.* »
– *Is he under the carpet?* Les enfants : « *No.* » L'enseignant : « *Is this Spot?* » Les enfants : « *No* ». L'enseignant : « *It's a tortoise.* »
– *Is he in the basket?* Les enfants : « *Yes.* » L'enseignant : « *Is this a dog?* » Les enfants : « *Yes, he's Spot.* »
L'enseignant dit : « *Good boy, Spot! It's time to eat!* »
• La marionnette apporte alors les images des quatre premiers animaux, les affiche au tableau et les nomme. Les enfants les répètent avec lui.
• Chaque enfant pose la question à un autre enfant : « *Is this Spot?* » en montrant une page du livre. Ce dernier répond et inversement.
• Chant : *If you're happy...*

Deuxième séance

Objectif :	– Réinvestir du vocabulaire.
Matériel :	– *Old MacDonald had a farm.* ➤ Chansons et comptines – Plage 20 – Les images précédentes (format A4).
Organisation :	– Atelier de 10.

• Chant d'entrée : *Old MacDonald had a farm.*
• Les enfants écoutent deux fois le chant et essaient de deviner de quoi il s'agit. Ils s'expriment en français en essayant de trouver des similitudes avec la langue française ou en décodant des mots connus en anglais comme « *dog* ».

Les élèves réécoutent le chant afin de s'imprégner des paroles et du rythme.
• **Jeu de *Touch and Say*** avec les images affichées.
• Chant : *Old MacDonald had a farm*.

Troisième séance

Objectif : – Réinvestir du vocabulaire.

Matériel : – *Hello! Goodbye!* et *Old MacDonald had a farm*.

➤ Chansons et comptines – Plages 3 et 20

– Les images précédentes au format flashcard en 2 exemplaires, ou plus si toute la classe joue.

➤ Matériel – Séquence 16 (Flashcards)

Organisation : – Atelier de 12 ou groupe-classe si les enfants connaissent le jeu de mémory.

• Chant d'entrée : *Old MacDonald had a farm*.
• L'enseignant propose un **jeu de mémory** avec les flashcards. Il s'agit de retrouver le double de chaque animal. Les enfants sont par groupes de quatre.
Ils doivent à chaque fois nommer l'animal figurant sur la carte qu'ils ont retournée.
• Chant : *Hello! Goodbye!*

Quatrième séance

Objectif : – Réinvestir du vocabulaire.

Matériel : – *If you're happy* et *Old MacDonald had a farm*.

➤ Chansons et comptines – Plages 13 et 20

– Les flashcards précédentes.

Organisation : – Atelier de 12 ou groupe-classe.

• Chant d'entrée : *Old MacDonald had a farm*.
• L'enseignant propose les mêmes jeux que précédemment.
• Chant : *If you're happy*.

Cinquième séance

Objectif : – Réinvestir du vocabulaire.

Matériel : – *I like to eat...* et *Old MacDonald had a farm*.

➤ Chansons et comptines – Plages 7 et 20

– Les flashcards précédentes.

Organisation : – Atelier de 10 ou 12.

• Chant d'entrée : *Old MacDonald had a farm*.
• L'enseignant propose **le jeu du Tic Tac Toc** (voir la règle du jeu, p. 96).
• L'enseignant propose **le jeu de *Simon says***.

• **Un jeu de dominos** peut aussi être confectionné en utilisant toutes les images des animaux. Les enfants doivent toujours nommés les animaux au cours du jeu.
• Chant : *I like to eat apples and bananas.*

Sixième séance

Objectifs : – Réinvestir du vocabulaire.
– Apprendre un chant.

Matériel : – *Old MacDonald had a farm.*
➤ Chansons et comptines – Plage 20
– Les images des animaux de la chanson (format A4) : *cow, pig, duck, horse.*
➤ Matériel – Séquence 16 (Affichage)

Organisation : – Groupe-classe.

• L'enseignant affiche les images.
Puis il fait écouter la chanson *Old MacDonald had a farm* en montrant les animaux au fur et à mesure de leur apparition dans le texte.
• Les enfants essaient de chanter en même temps, tout en indiquant les images.

Remarque
D'autres séances peuvent être organisées selon l'intérêt des élèves ou selon les difficultés rencontrées.

Septième séance (pour les CE1)

Objectif : – Répondre par écrit à une question.

Matériel : – À afficher au tableau : les images des animaux (format A4 ou flashcard : *dog, penguin, tortoise, lion, monkey, hippopotamus.*
– Une feuille avec 4 images d'animaux et la phrase correspondante à imprimer ou à projeter pour un affichage collectif.
➤ Matériel – Séquence 16 (Affiche CE1)

– Par élève : une feuille avec 3 images d'autres animaux, par exemple un hippopotame, un cheval et un pingouin,avec la question correspondante.
➤ Matériel – Séquence 16 (Fiche élève CE1)

Organisation : – Groupe-classe.

• Les images sont au tableau (flashcards au format A4) et l'enseignant demande aux élèves de redire les mots à chaque carte pointée. Puis l'enseignant affiche la feuille avec les quatre animaux et pose quelques questions. Par exemple, en montrant le chien : « *Is this a dog ?* » Les enfants répondent par « *Yes.* » ou « *No.* », etc.
• Les feuilles avec les trois images sont distribuées aux élèves. Ils doivent répondre aux questions de la même façon en écrivant « *Yes.* » ou « *No.* ».

Annexes

Textes des enregistrements

Frère Jacques ▶ Plage 1

Frère Jacques, Frère Jacques,
Dormez-vous ? Dormez-vous ?
Sonnez les matines, sonnez les matines,
Ding Ding Dong,
Ding Ding Dong.

Brother John ▶ Plage 2

Are you sleeping? Are you sleeping?
Brother John? Brother John?
Morning bells are ringing, morning bells are ringing,
Ding Ding Dong,
Ding Ding Dong.

Hello! Goodbye! ▶ Plage 3

Hello, hello, hello, hello
To you, and you, and you!
Hello, hello, hello, hello
To you, and you, and you!
What a lovely way to start the day!

Goodbye, goodbye, goodbye, goodbye
To you, and you, and you!
Goodbye, goodbye, goodbye, goodbye
To you, and you, and you!
What a lovely way to end the day!

Hello, hello, goodbye, goodbye
to you, and you, and you!

How are you? ➤ Plage 4

Good morning, good morning,
and how do you do?
Good morning, good morning,
I'm fine, how are you?

One, two ➤ Plage 5

One, two, buckle my shoe
Three, four, shut the door
Five, six, pick up sticks
Seven, eight, lay them straight
Nine, ten, take a pen

Ten little Indians ➤ Plage 6

One little, two little, three little Indians,
Four little, five little, six little Indians,
Seven little, eight little, nine little Indians,
Ten little Indian boys.

Ten little, nine little, eight little Indians,
Seven little, six little, five little Indians,
Four little, three little, two little Indians,
One little Indian boy.

I like to eat apples and bananas ▶ Plage 7

I like to eat, eat, eat apples and bananas
I like to eat, eat, eat apples and bananas

I like to ate, ate, ate ay-ples and ba-nay-nays
I like to ate, ate, ate ay-ples and ba-nay-nays

I like to eat, eat, eat ee-ples and bee-nee-nees
I like to eat, eat, eat ee-ples and bee-nee-nees

I like to ite, ite, ite i-ples and by-ny-nys
I like to ite, ite, ite i-ples and by-ny-nys

I like to ote, ote, ote oh-ples and bo-no-nos
I like to ote, ote, ote oh-ples and bo-no-nos

I like to oot, oot, oot oo-ples and boo-noo-noos
I like to oot, oot, oot oo-ples and boo-noo-noos

Ten little witches ▶ Plage 8

One little, two little, three little witches,
Four little, five little, six little witches,
Seven little, eight little, nine little witches,
Ten witches in the sky.

Ten little, nine little, eight little witches,
Seven little, six little, five little witches,
Four little, three little, two little witches,
One little witch, « Bye, bye! »

A scary story ➤ Plage 9

It's night in the village. The round moon shines in the sky.
In the street, a big pot is warming up over a big fire.
A witch is reading the magical book.
Another witch is putting two pumpkins into the big pot.

A third witch catches two cats perched on a broom.
She puts them into the big pot.

They turn into two ghosts and fly about on their brooms.

We wish you a Merry Christmas ➤ Plage 10

We wish you a Merry Christmas
We wish you a Merry Christmas
We wish you a Merry Christmas
and a happy New Year!

Let's all do a little clapping,
Let's all do a little clapping,
Let's all do a little clapping,
And spread Christmas cheer.

We wish you a Merry Christmas
We wish you a Merry Christmas
We wish you a Merry Christmas
and a happy New Year!

Jingle bells ➤ Plage 11

Jingle bells, jingle bells,
Jingle all the way,
Oh, what fun it is to ride
In a one horse open sleigh. Hey!
Jingle bells, jingle bells,
Jingle all the way,
Oh, what fun it is to ride
In a one horse open sleigh.

Dashing through the snow
In a one horse open sleigh,
O'er the fields we go,
Laughing all the way.
Bells on bobtails ring,
Making spirits bright.
What fun it is to ride and sing
A sleighing song tonight. Oh!

Jingle bells, jingle bells,
Jingle all the way,
Oh, what fun it is to ride
In a one horse open sleigh. Hey!
Jingle bells, jingle bells,
Jingle all the way,
Oh, what fun it is to ride
In a one horse open sleigh.

Head and shoulders, knees and toes ▶ Plage 12

Head and shoulders, knees and toes, knees and toes.
Head and shoulders, knees and toes, knees and toes,
and eyes and ears and mouth and nose.
Head and shoulders, knees and toes, knees and toes.

Feet and tummies, arms and chins, arms and chins.
Feet and tummies, arms and chins, arms and chins,
and eyes and ears and mouth and shins.
Feet and tummies, arms and chins, arms and chins.

Hands and fingers, legs and lips, legs and lips.
Hands and fingers, legs and lips, legs and lips,
and eyes and ears and mouth and hips.
Hands and fingers, legs and lips, legs and lips.

If you're happy and you know it ▶ Plage 13

If you're happy and you know it, clap your hands (clap clap).
If you're happy and you know it, clap your hands (clap clap).
If you're happy and you know it, then you really ought to show it,
If you're happy and you know it, clap your hands (clap clap).

If you're happy and you know it, stomp your feet (stomp stomp).
If you're happy and you know it, stomp your feet (stomp stomp).
If you're happy and you know it, then you really ought to show it.
If you're happy and you know it, stomp your feet. (stomp stomp).

If you're happy and you know it, shout « Hurray » (hoo-ray!).
If you're happy and you know it, shout « Hurray » (hoo-ray!).
If you're happy and you know it, then you really ought to show it.
If you're happy and you know it, shout « Hurray » (hoo-ray!).

Do your ears hang low? ➤ Plage 14

Do your ears hang low?
Do they wobble to and fro?
Can you tie them in a knot?
Can you tie them in a bow?
Can you throw them o'er your shoulder
like a Continental Soldier?
Do your ears hang low?

Does your tongue hang down?
Does it giggle all around?
Can you tie it in a knot?
Can you tie it in a bow?
Can you throw it o'er your shoulder
like a Continental Soldier?
Does your tongue hang down?

Does your nose hang low?
Does it wiggle to and fro?
Can you tie it in a knot?
Can you tie it in a bow?
Can you throw it o'er your shoulder
like a Continental Soldier?
Does your nose hang low?

What is yellow? ➤ Plage 15

What is yellow? What is yellow?
Who can tell? Who can tell?
Liza betta's sweater, Liza betta's sweater,
The sun as well. The sun as well.

What is blue? What is blue?
Who can tell? Who can tell?
Lucy's new dress. Lucy's new dress.
The sky as well. The sky as well.

What is red? What is red?
Who can tell? Who can tell?
Alexander's hat. Alexander's hat.
A bus as well. A bus as well.

What is green? What is green?
Who can tell? Who can tell?
Tom and Jenny's socks. Tom and Jenny's socks.
The grass as well. The grass as well.

What is brown? What is brown?
Who can tell? Who can tell?
Thomas's hair. Thomas's hair.
A horse as well. A horse as well.

What is white? What is white?
Who can tell? Who can tell?
Federico's shirt. Federico's shirt.
The snow as well. The snow as well.

This is your day, Mummy ➤ Plage 16

This is your day, Mummy
This is your day, Mummy
I want you to know,
That I love you so,
Thank you, thank you, Mummy.

You're always there, Mummy,
Your love and care, Mummy.
This is your day,
And I want to say:
Thank you, thank you, Mummy.

And you love me, Mummy,
The world can see, Mummy,
You are the best,
Better than the rest,
That's why you're my Mummy.

The Muffin Man ➤ Plage 17

Oh, do you know the muffin man,
the muffin man, the muffin man?
Oh, do you know the muffin man
that lives in Drury Lane?

Oh, yes I know the muffin man,
the muffin man, the muffin man.
Oh, yes I know the muffin man
that lives in Drury Lane.

The alphabet song ▶ Plage 18

A B C D E F G
H I J K L M N O P
Q R S T U V
W (double U) X Y and Z.
Now you've heard my A B C,
Tell me what you think of me.

Easter rabbits ▶ Plage 19

Black or brown,
White or grey,
All the rabbits
Come for Easter Day.

Hop in the basket,
Take the colored eggs.
Hop along little rabbits,
And hide the chocolate sweets.

Black or brown,
White or grey,
All the rabbits
Hop along their way.

Old MacDonald had a farm ▶ Plage 20

Old MacDonald had a farm,
E – I – E – I – O,
And on his farm he had a cow,
E – I – E – I – O,
With a moo-moo here and a moo-moo there
Here a moo, there a moo,
Everywhere a moo-moo.

Old MacDonald had a farm,
E – I – E – I – O,
And on his farm he had a pig,
E – I – E – I – O,
With an oink-oink here and an oink-oink there
Here an oink, there an oink,
Everywhere an oink-oink.

Old MacDonald had a farm,
E – I – E – I – O,
And on his farm he had a duck,
E – I – E – I – O,
With a quack-quack here and a quack-quack there
Here a quack, there a quack
Everywhere a quack-quack.

Old MacDonald had a farm,
E – I – E – I – O,
And on his farm he had a horse,
E – I – E – I – O,
With a neigh-neigh here and a neigh-neigh there, etc.
Here a neigh, there a neigh
Everywhere a neigh-neigh.

Index du lexique abordé dans l'ouvrage

Nº	Séquence	Vocabulaire et expressions
1	**My name is…**	Good morning – Goodbye – Hello – My name is… – What's your name?
2	**Weather – Week days**	I'm / I'm not wearing – Look at… – Take… – I have got… – What is it? – the umbrella – the rain – the boots – the sun – the sunglasses – the sunhat – the snow – the snowboots – the snowman – the wind – the cloud – small – big – heavy – light – What's the weather like today? It's raining, it's sunny, it's hot, it's snowing, it's cold, it's cloudy, it's windy… – Show me… – Monday, Tuesday, Wednesday, Thursday, Friday, Saturday, Sunday.
3	**How are you?**	Listen – Touch – How are you? I'm fine – I'm so, so – I'm sad.
4	**Numbers**	One – two – three – four – five – six – seven – eight – nine – ten – sweet(s) – Give me… – thank you.
5	**Food**	Chocolate – water – bread – apple – say – Stand up ! – Sit down ! – Do you like…? – Yes, I do – Yes, I like… – No, I don't like… – rice – banana – spinach – egg – cake – wine – coffee.
6	**Halloween**	Yes, I do – No, I don't – I like – Yes, it is – No, it isn't – What is it? It's… – Listen! – Be quiet ! – a ghost – a cat – a pumpkin – a witch – a moon – a brush – a big pot.
7	**Christmas**	What is it? It's… – a tinsel – a bauble – a candle – a Christmas tree – a present – Santa Claus – a book – Yes, it's… – No, it isn't… – Where is…? – It's on… – the table – a chair – a box.

8	**The body**	My – the head – the eyes – the nose – the mouth – the hair – the hand – the knees – the arms – the legs – I've got…
9	**Clothes and colours**	A dress – socks – shoes – trousers – Are you wearing a…? – I'm wearing a… – a tee-shirt – a jumper – a skirt – a coat – a cardigan – blue – red – yellow – green – pink – orange – purple – black – white – my favourite colour – Who is it? It is…
10	**Family**	Mother – father – sister – brother – grandmother – grandfather – Who is this? – This is… – How many sisters / brothers have you got? – I've got…
11	**Enjoy your meal**	I like to eat muffins – the flour – the sugar – an egg – the milk – a recipe – Who's bringing…? – Please give me…
12	**A B C**	L'alphabet en anglais.
13	**Easter**	Easter – basket – Easter eggs – rabbit – What is it? It's a…
14	**Seasons**	Spring – winter – summer – autumn.
15	**Things**	Do you know…? Yes, I know… – a dog – a book – the door – the clock – the stairs – the piano – Where is… – Who is it? – What is it? – Show me… – the wardrobe – the bed – the carpet – the box – the basket.
16	**Animals**	A bear – a snake – a hippopotamus – a lion – a monkey – a crocodile – a penguin – a tortoise – a cow – a pig – a duck – a horse.

Bibliographie

Comptines et chansons

– *Jingle Bells and other songs*, John Byrne, Anne Waugh, Oxford University Press (livre).
– *Easy Peasy Singlish for beginners*, Éditions Nathan/Speakeasy (livret + CD).
– *This little Puffin*, Puffin Books (livre).
– *Les Plus Belles Comptines anglaises*, Jeannette Loric, Éditions Didier Jeunesse (livre + CD).
– *Let's chant, Let's sing 1*, Cardyn Graham, Oxford University Press (livre + CD).

DVD

– *We're kids in Britain*, collectif, Longman Pearson Education (scènes de la vie quotidienne anglaise vues par deux enfants que l'on retrouve dans une série de très courts films, chez eux, à l'école, à la fête de Guy Fawkes, à Noël, en vacances…).
– *Paddington Bear* et *Snowman and the Snowdog* (fictions jeunesse), British Video Publishers : en vente chez Attica.

Didactique de l'anglais à l'école primaire, documents pédagogiques et textes officiels

– *Guide pour enseigner l'anglais à l'école élémentaire*, collectif sous la direction de S. Rosenberger, Retz, 2003.
– *Enseigner une langue étrangère à l'école*, Frédéric Bablon, Hachette éducation, 2004.
– *Se former pour enseigner les langues étrangères à l'école primaire : le cas de l'anglais*, sous la coordination de Claire Tardieu, Ellipses, 2006.
– *Enseigner l'anglais de l'école au collège*, sous la coordination de Line Audin, INRP, Hatier, 2005.
– *L'enfant aux deux langues*, Claude Hagège, Éditions Odile Jacob.
– BOEN n° 8 du 30 août 2007 : *Mise en œuvre du Cadre européen commune de référence pour les langues – Mise en œuvre du Socle commun de connaissances et de compétences* (programmes des langues étrangères pour l'école primaire).

– *Qu'apprend-on à l'école élémentaire ?* Les programmes 2008-2009, Scéren, XO Éditions.
– BO du 5 janvier 2012 (Nouvelles progressions prévues pour le CP et le CE1).

Albums utilisables en classe

– *Where's Spot ?* Eric Hill, Puffin Books ou Penguin Books GB pour les éditions disponibles (thème : les animaux et le mobilier).
– *Meg and Mog Series*, Helen Nicoll, Jan Pienkowski, Picture Puffins (travail de prononciation de sons sur des mots simples).
– *The Very Hungry Caterpillar*, Eric Carle, Picture Puffins (thème : la nourriture d'une chenille et celle d'un enfant).
– *Pat the Cat, A flip-the-page Rhyme and Read Book,* Colin Hawkins, Jacqui Hawkins, Pat & Pals Limited.
– *The Snowman*, Raymond Briggs, Random House Picture Back (livre d'images sans texte qui existe aussi en dessins animé).
– Par ailleurs, on trouve sur le site *www.librairielaique.fr* des albums en anglais (*Elmer*, etc.).

Quelques adresses utiles

Librairies

– Attica
106 bd. Richard Lenoir 75011 Paris
Tél. 01 55 28 80 14

– Brentano's
37 avenue de l'Opéra 75002 Paris
Tél. 01 42 60 87 37

– Galignani
224 rue de Rivoli 75001 Paris
Tél. 01 42 60 76 07

– Nouveau Quartier latin
78 bd. Saint-Michel 75006 Paris
Tél. 01 43 26 42 70

– W.H. Smith
248 rue de Rivoli 75001 Paris
Tél. 01 44 77 88 99

– Book in Bar
4 rue Joseph Cabassol 13100 Aix-en-Provence
Tél. 04 42 26 60 07

– Librairie Internationale V.O.
53 rue Molinel 59000 Lille
Tél. 03 20 14 33 96

– Bradley's Bookshop
69 bis rue des Trois Conils 33000 Bordeaux
Tél. 05 56 52 10 57

– Librairie Maurel
95 rue Lodi 13006 Marseille
Tél. 04 91 42 63 44

– Librairie Kléber
1 rue Francs Bourgeois 67000 Strasbourg
Tél. 03 88 15 78 88

– The Bookworm
3 rue de Pâques 67000 Strasbourg
Tél. 03 88 32 26 99

– Bibliothèque anglaise de Lunay
10 place de l'Église 41360 Lunay
Tél. 02 54 72 75 61

– Librairie anglaise de Cannes
11 rue du Bivouac Napoléon 06400 Cannes
Tél. 04 93 99 40 08

– Bibliothèque anglophone
60 rue Boisnet 49100 Angers
Tél. 02 41 29 97 07

Bibliothèques et organismes

– Bibliothèque américaine
10, rue du Général-Camou 75007 Paris
http://www.americanlibraryinparis.org/

– British Council
9, rue de Constantine 75007 Paris
http://www.britishcouncil.org/fr/france

– Université américaine de Paris
31, avenue Bosquet 75007 Paris
http://www.aup.fr

Sitographie

– www.primlangues.education.fr : site d'accompagnement des enseignants et des intervenants chargés des langues vivantes à l'école primaire.
– www.education.gouv.fr : BO, nouveaux programmes.
– www.librairielaique.fr : albums en anglais.

Présentation du CD-Rom

Sommaire

Chansons et comptines

1. Frère Jacques
2. Brother John
3. Hello! Goodbye!
4. How are you?
5. One, two
6. Ten little Indians
7. I like to eat apples and bananas
8. Ten little witches
9. A scary story
10. We wish you a Merry Christmas
11. Jingle bells
12. Head and shoulders, knees and toes
13. If you're happy and you know it
14. Do you ears hang low?
15. What is yellow?
16. This is your day, Mummy
17. The Muffin Man
18. The alphabet song
19. Easter rabbits
20. Old MacDonald had a farm

Cartes et photos

Cartes (France, Europe, planisphères)
Photos (quelques éléments culturels en Grande-Bretagne et aux États-Unis)
Grande-Bretagne
États-Unis

Matériel par séquence

Séquence 1
Flashcards CE1
Fiche élève CE1

Séquence 2
Affichage
Flashcards
Flashcards CE1

Séquence 3
Affichage
Flashcards
Flashcards CE1

Séquence 4
Flashcards
Loto
Flashcards CE1

Séquence 5
Affichage
Flashcards
Jeu de l'oie
Patron de dé
Flashcards CE1

Séquence 6
Affichage
Flashcards
Jeu du chemin
Jeu de l'oie
A scary story
Flashcards CE1

Séquence 7
Affichage
Flashcards
Patrons de dés
Flashcards CE1

Séquence 8
Le corps
Affichage
Flashcards
Jeu du serpent
Jeu du bonhomme
Patron de dé
Flashcards CE1

Séquence 9
Affichage
Flashcards
Flashcards CE1

Séquence 10
Affichage
Flashcards
Loto
Flashcards CE1

Séquence 11
Flashcards
Recette des muffins
Fiche élève CE1

Séquence 12
Abécédaire
Flashcards

Séquence 13
Flashcards
Cartes de Pâques

Séquence 14
Affichage
Flashcards
Flashcards CE1

Séquence 15
Affichage
Flashcards
Flashcards CE1
Fiche élève CE1

Séquence 16
Affichage
Flashcards
Affiche CE1
Fiche élève CE1

Contenu

• 20 plages audio

Elles correspondent à l'enregistrement des chansons, poésies et comptines utilisées dans l'ouvrage.

Elles se lisent directement à partir du CD-Rom, à l'aide d'un player (voir p. 128).

On peut également les enregistrer au format MP3 sur son ordinateur à l'aide du bouton « Télécharger tous les fichiers audio ».

• 5 cartes

Il s'agit de deux planisphères, une carte de l'Europe, deux cartes de France dont une carte routière. Elles visent à donner un support pour présenter la notion de langue étrangère et interroger sur le monde (voir séquence préliminaire).

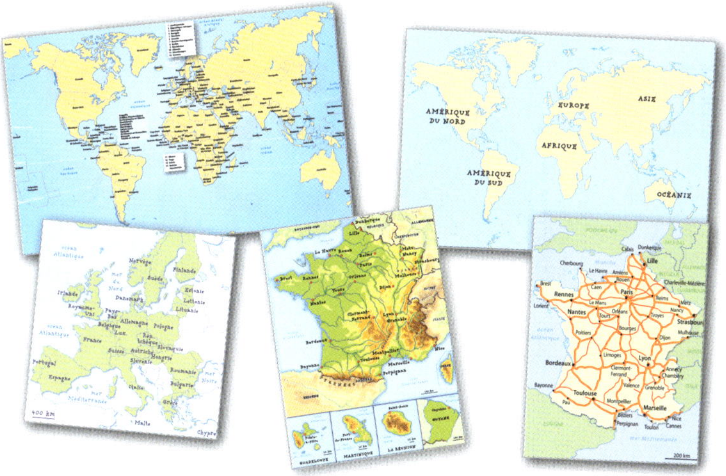

• 45 photos

Elles sont à utiliser tout au long de l'année pour faire découvrir quelques éléments culturels sur les pays anglo-saxons, et notamment les États-Unis et la Grande-Bretagne.

- **Plus de 100 images**

Elles sont disponibles au format A4, pour un affichage collectif, ou au format flashcard pour une utilisation en petits groupes.
La plupart sont également disponibles avec le nom anglais écrit dessous, pour les CE1.

On trouve également une recette de muffins et une petite BD sans texte :

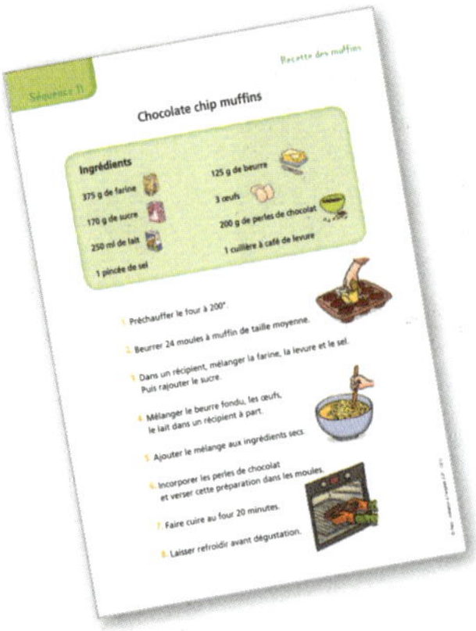

Recette des muffins

Séquence 11

Chocolate chip muffins

Ingrédients
375 g de farine
170 g de sucre
250 ml de lait
1 pincée de sel
125 g de beurre
3 œufs
200 g de perles de chocolat
1 cuillère à café de levure

1. Préchauffer le four à 200°.
2. Beurrer 24 moules à muffin de taille moyenne.
3. Dans un récipient, mélanger la farine, la levure et le sel. Puis rajouter le sucre.
4. Mélanger le beurre fondu, les œufs, le lait dans un récipient à part.
5. Ajouter le mélange aux ingrédients secs.
6. Incorporer les perles de chocolat et verser cette préparation dans les moules.
7. Faire cuire au four 20 minutes.
8. Laisser refroidir avant dégustation.

• 10 supports de jeux

Il s'agit de planches de jeux (tels que lotos, jeux de l'oie…), de patrons de dés et tout type de matériel nécessaire à la réalisation des activités présentées dans l'ouvrage.

• 4 fiches pour les élèves de CE1

Elles favorisent l'initiation à l'anglais écrit pour les CE1, en s'appuyant sur l'écriture de mots simples, rencontrés dans les séquences.

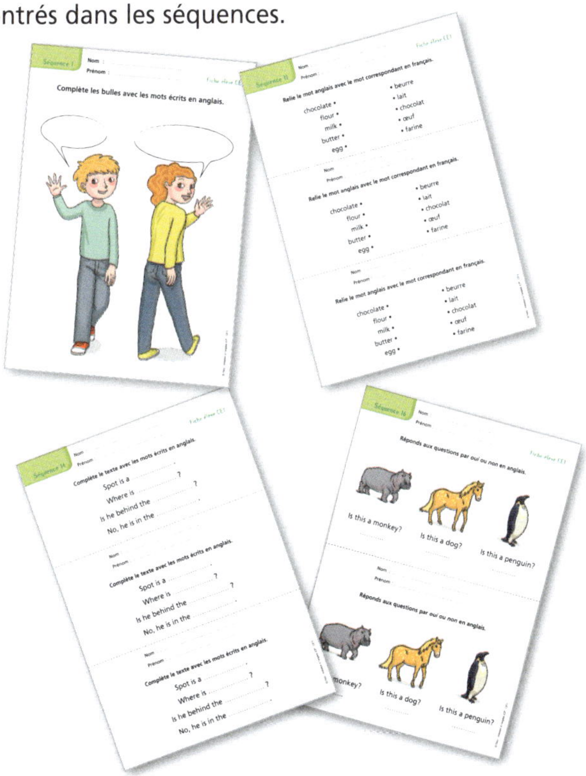

Utilisation du CD-Rom

Installer le CD-Rom

Sur PC : Insérer le disque dans votre lecteur : l'installation se lance automatiquement (au bout de quelques secondes). Si ce n'est pas le cas, aller dans le « Poste de travail » (menu « Démarrer »), cliquer sur le fichier « Initiation_anglais_CP_CE1_PC.exe » et suivre les étapes d'installation jusqu'à la fin. Une icone s'affiche alors sur le « Bureau » : double cliquer dessus pour lancer le CD.
Sur Mac : Insérer le disque dans votre lecteur et double cliquer sur l'icone pour l'ouvrir. Double cliquer sur « Initiation_anglais_CP_CE1_MAC.dmg » puis glisser l'application dans le dossier « Applications ». Aller dans le dossier « Applications » et double cliquer sur l'application installée.
L'utilisation du CD n'est plus nécessaire une fois l'application installée sur l'odinateur (PC et Mac).

Naviguer dans le CD-Rom

• Accueil

Cliquer sur le logo Retz pour accéder au site Retz

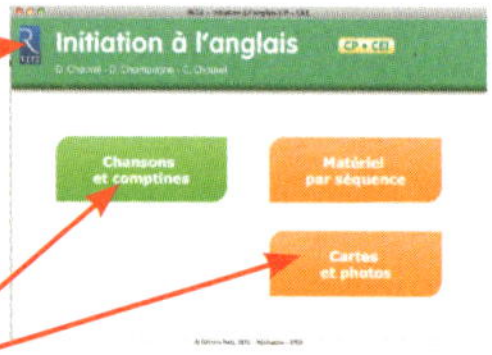

Cliquer sur la rubrique souhaitée : en vert, la partie audio ; en orange, les PDF regroupant le matériel des séquences et les ressources supplémentaires.

Cliquer sur le bandeau supérieur pour retourner à l'écran d'accueil.

Le nom de la rubrique sélectionnée précédemment s'affiche en bleu.

Cliquer sur ces boutons pour accéder directement aux autres rubriques, sans repasser par l'écran d'accueil.

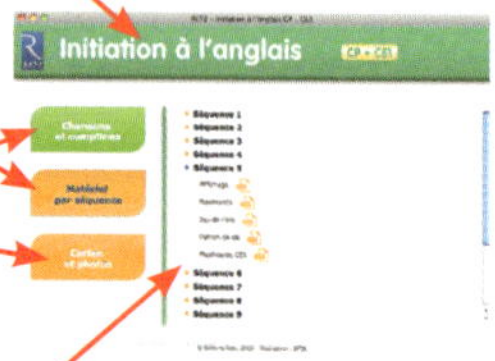

L'ensemble des ressources associées à la rubrique s'affiche (dérouler les sous-menus pour afficher les ressources de chaque séquence).

• Chansons et comptines

1. Pour écouter les fichiers audio, cliquer sur le titre souhaité.

2. Un player s'affiche avec des boutons « Lecture », « Pause » et « Volume ».

• Fichiers PDF : matériel, cartes et photos

1. Cliquer sur le nom du document que l'on souhaite visionner, imprimer, vidéoprojeter dans la liste affichée.
Le document s'affiche dans une nouvelle fenêtre (voir 2.)

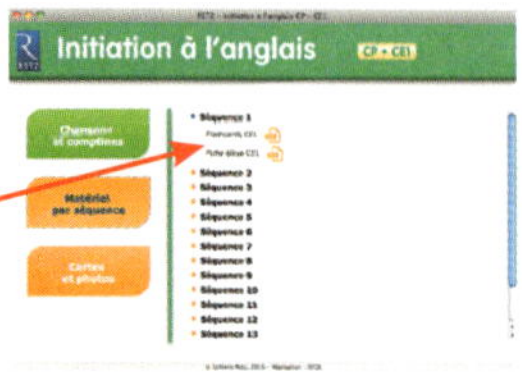

2. Le logiciel automatiquement utilisé par cet affichage (Adobe Reader, Aperçu…) permet d'agir sur le document : zoom, rotation, impression…
Ici, un exemple avec Adobe Reader.